14

**Ici et maintenant contient
l'éternité, ici et maintenant
seul existe.**

Eihei Dôgen

(maître bouddhiste et philosophe japonais ; 1200-1253)

15

Dans le Un on trouve Dieu,
et il faut que devienne Un
celui qui doit trouver Dieu.

Maître Eckhart
(théologien et philosophe dominicain allemand ;
1260-1327)

16

**Le hasard, c'est Dieu
qui se promène incognito.**

Albert Einstein

(physicien allemand ; 1879-1955)

17

Ceux qui connaissent la vérité spirituelle et qui ont la capacité de la défendre ont le devoir de la faire connaître. S'ils ne le font pas, c'est une sorte de trahison spirituelle.

Ostad Elahi

(philosophe, théologien et musicien iranien ; 1895-1974)

18

La plus sublime révélation,
c'est que Dieu est
en chaque homme.

Ralph Waldo Emerson
(écrivain et philosophe américain ;
1803-1882)

19

**On n'invente pas Dieu,
il se révèle.**

Louis Evely

(écrivain et prêtre belge ; 1910-1985)

20

La vie sans religion
est une vie sans principe
et une vie sans principe
est comme un bateau
sans gouvernail.

Gandhi

(homme politique
et guide spirituel indien ; 1869-1948)

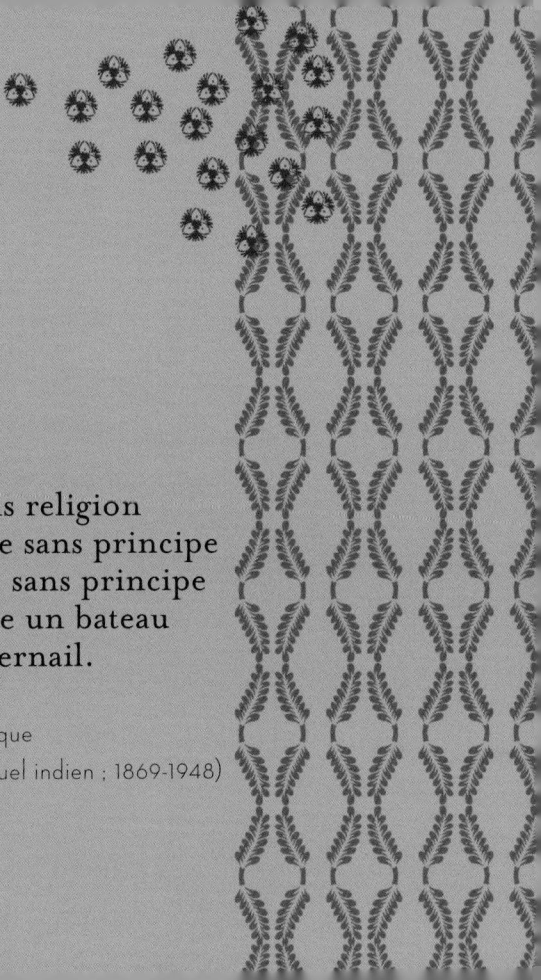

21

Tout homme a besoin d'absolu, car son appétit de transcendance est parfois aussi impétueux que son vœu d'obéissance aux règles de la raison.

Jean Hamburger
(médecin français ; 1909-1992)

22

Lorsque vous priez,
vous vous élevez pour rencontrer
dans l'air ceux qui prient
à cette même heure, et que,
sauf en prière, vous ne pourriez
rencontrer.

Khalil Gibran
(poète et peintre libanais ; 1883-1931)

23

Dieu seul existe,
qu'on l'imagine
comme un seul Dieu ou
comme plusieurs Dieux,
car tous les nombres
ne sont que l'extension
du nombre un.

Hazrat Inayat Khan
(musicien et soufi indien ; 1882-1927)

24

Il y a un livre qui contient toute la sagesse humaine, éclairée par toute la sagesse divine, un livre que la génération du peuple appelle le Livre : la Bible.

Victor Hugo

(écrivain et poète français ; 1802-1885)

25

L'homme qui observe évolue
continûment jusqu'à ne faire
qu'un avec le courant des choses.

Jiddu Krishnamurti

(écrivain et philosophe indien ; 1895-1986)

26

Ne perdez jamais
de vue que tout
appartient à Dieu
et rien à vous.

Lahiri Mahasaya
(mystique indien ; 1828-1895)

27

L'esprit qui nous révèle Dieu
est ce murmure indicible
en quoi s'achève la parole.

Henri Le Saux
(moine bénédictin français ; 1910-1973)

28

Tout ce que nous voyons
n'est qu'une ombre projetée
par les choses que
nous ne voyons pas.

Martin Luther King
(pasteur américain ; 1929-1968)

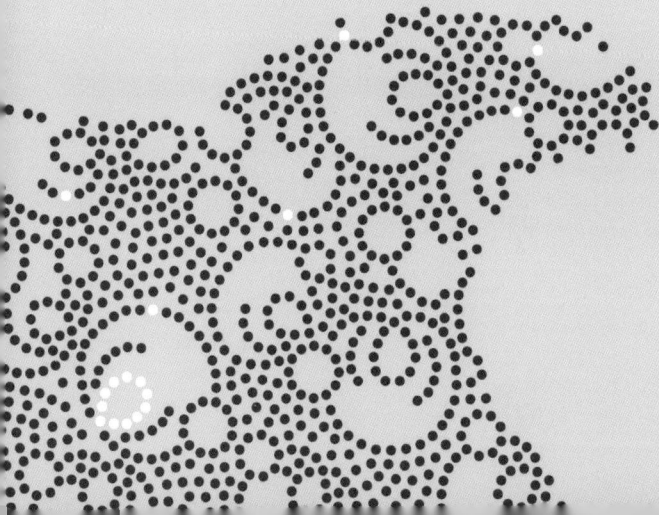

29

Croyez-vous que
toute vie réellement
religieuse ne soit pas
une conversion
de chaque jour ?

André Malraux

(écrivain et homme politique français ;
1901-1976)

30
Le véritable Amour
est un absolu don
de soi à la volonté divine.

Ma Anandamayî

(philosophe et mystique indienne ;

1896-1982)

Au-dedans de toi
est la source du bien,
une source qui peut toujours jaillir,
si tu creuses toujours.

Marc Aurèle

(empereur et philosophe romain : 121-180)

32

Il n'y a pas, il n'y a jamais eu
de vie spirituelle sans ascèse ;
le refus de l'ascèse, c'est la mort
de toute spiritualité.

François Mauriac

(écrivain français ; 1885-1970)

33

Qu'est-ce qu'une vie spirituelle ?
Sinon une union d'amour
avec Jésus dans laquelle le divin
et l'humain se donnent totalement
l'un à l'autre.

Mère Teresa

(religieuse indienne ; 1910-1997)

34

Une société sans religion
est comme un vaisseau
sans boussole.

Napoléon Bonaparte
(homme politique français ; 1769-1821)

35

Prier est dans la religion
ce que penser est dans
la philosophie. Prier,
c'est créer de la religion.

Novalis

(poète et romancier allemand ; 1772-1801)

36

L'absolu n'est pas à la portée
de l'homme mais dans le cœur
de l'homme.

Daniel Pons

(poète et écrivain français ; 1932-1986)

37

Il n'est pas possible
qu'une musique,
une peinture qui
nous émeuvent
ne répondent pas à
une réalité spirituelle.

Marcel Proust

(écrivain français ; 1871-1922)

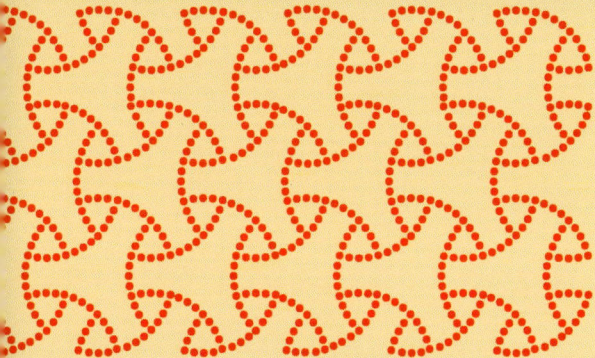

38

L'optimisme vient de Dieu,
le pessimisme est né
dans le cerveau de l'homme.

Proverbe soufi

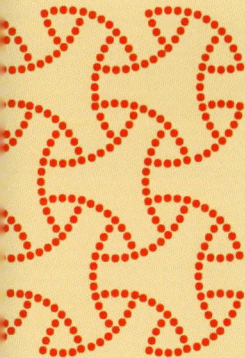

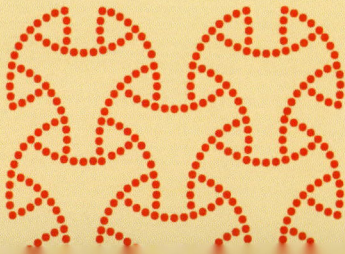

39

Vous cherchez Dieu ?
Alors cherchez-le
dans l'homme.

Râmakrishna
(brahmane bengali ; 1836-1886)

40

Chercher Dieu, c'est la foi, le trouver
c'est l'espérance, le connaître
c'est l'amour, le sentir c'est la paix,
le goûter c'est la joie, le posséder,
c'est l'ivresse.

Marthe Robin
(religieuse française ; 1902-1981)

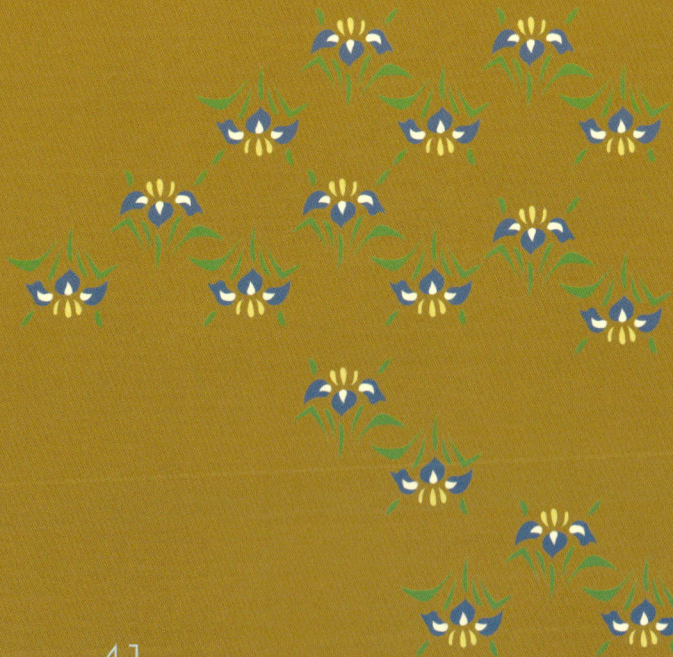

41

Crois et tu comprendras ;
la foi précède, l'intelligence suit.

Saint Augustin
(philosophe, théologien et écrivain français ; 354-430)

42

**La foi illumine avec
ses ténèbres les ténèbres de l'âme.**

Saint Jean de la Croix

(docteur de l'Église et poète espagnol ; 1542-1591)

43

Méditez sur la lumière.
Premièrement, vous êtes
la lumière.
Ensuite, la lumière est en vous.
Enfin, vous êtes la lumière.

Sathya Sai Baba
(sage indien ; né en 1926)

44

Tous les problèmes de
la religion se ramènent
finalement à un seul :
le Dieu qui se révèle en moi
est autre que celui que je devine
dans l'univers.

Albert Schweitzer
(philosophe et théologien protestant
franco-allemand ; 1875-1965)

45

Toutes les choses dans ce monde
se résolvent dans la vacuité,
elles ne viennent pas à l'être,
elles ne cessent pas d'être,
elles ne sont ni altérées,
ni immaculées, elles n'augmentent
ni ne diminuent.

Siddhartha Gautama, dit le Bouddha
(fondateur du bouddhisme ; 624-544 av. J.-C.)

46

Nous ne sommes pas sur
cette terre pour filtrer
des boissons et faire
cuire des aliments,
mais pour contribuer
au perfectionnement
de notre âme.

Sénèque
(philosophe grec ; 4-65)

47

Lorsque vous méditez, invitez-vous
à ressentir l'estime de soi,
la dignité, l'humilité et la force
du bouddha que vous êtes.

Sogyal Rinpoché

(maître bouddhiste tibétain ; né en 1947)

48

La foi est un oiseau qui sent
la lumière et qui chante quand
le jour n'est pas encore levé.

Rabindranath Tagore
(poète et philosophe indien ; 1861-1941)

49

**Nous sommes des êtres
spirituels vivant une expérience humaine.**

Pierre Teilhard de Chardin

(théologien et philosophe français ; 1881-1955)

50

Mes sœurs, vous trouverez Dieu dans les casseroles de la cuisine.

Sainte Thérèse d'Avila
(religieuse carmélite espagnole ; 1515-1582)

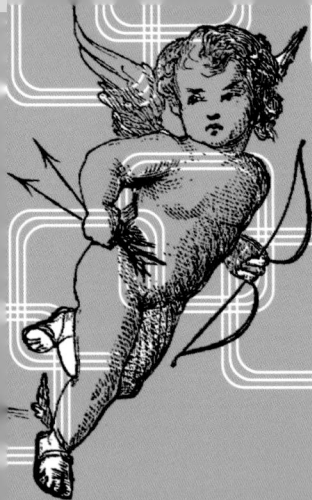

51

Il faut croire d'abord.
Il faut croire avant toute preuve,
car il n'y a point de preuve
pour qui ne croit rien.

Alain

(philosophe français ; 1868-1951)

52

Celui qui cherche Dieu
à travers autre chose
que soi-même n'atteindra
jamais Dieu.

Ahmad Al-Alawi

(enseignant et religieux algérien ; 1869-1934)

53

Il ne faut pas chercher à comprendre
pour croire, mais croire pour comprendre.

Alfred Ancel

(évêque ouvrier ; 1898-1934)

54

**Dieu est ou bien intelligence
ou bien quelque chose
au-delà de l'intelligence.**

Aristote

(philosophe grec ; 384-322 av. J.-C.)

55

La religion est faite pour aider l'homme à vivre intensément le monde présent.

Jean-Claude Barreau

(essayiste français ; né en 1933)

56

Quand même Dieu n'existerait pas,
la religion serait encore sainte et divine.

Charles Baudelaire

(poète et écrivain français ; 1821-1867)

57

Ce n'est pas par l'intelligence
qu'on atteint Dieu,
c'est par l'amour.

Henri Bergson
(philosophe français ; 1859-1941)

58

Foi : vingt-quatre heures
de doute… mais
une minute d'espérance.

Georges Bernanos

(écrivain français ; 1888-1948)

59

Si croire en Dieu peut comporter certaines obscurités, nier Dieu comporte une absurdité.

Jacques-Bénigne Bossuet

(homme d'Église, prédicateur et écrivain français ; 1627-1704)

60

Peu importe le chemin : tous les chemins
se valent. L'important est de suivre
un chemin qui a du cœur.

Carlos Castaneda

(écrivain et anthropologue américain ; 1925-1998)

61

L'intensité de ta foi augmente
en fonction de la profondeur
de tes pensées.

Cheikh Ahmadou Bamba

(guide spirituel soufi ; 1854-1927)

62

L'homme n'a été fait ni
par lui-même, ni pour lui-même,
mais par Dieu et pour Dieu.

Paul Claudel

(dramaturge et écrivain français ; 1868-1955)

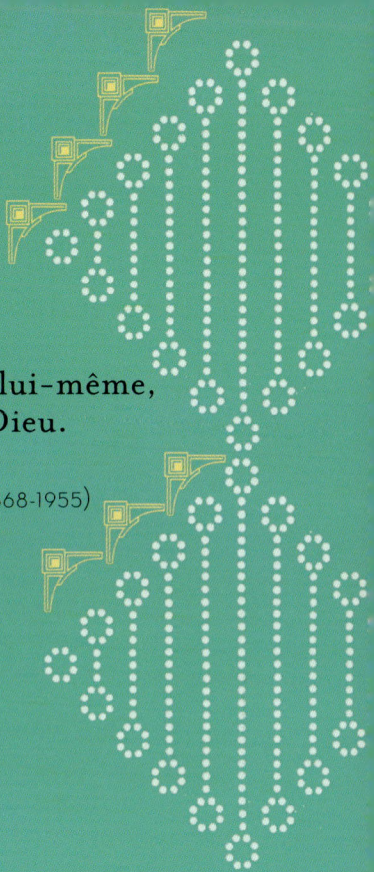

63

Qu'est-ce que la vie ?
C'est l'éclat d'une luciole
dans la nuit.
C'est le souffle
d'un bison en hiver.
C'est la petite ombre
qui court dans l'herbe
et se perd au coucher
du soleil.

Crowfoot

(chef des Blackfeet ; 1821-1890)

64

**Qui voit le chêne
dans le gland
voit Dieu
dans le chêne.**

Joseph Delteil
(écrivain français ; 1894-1978)

65

D'un seul regard, nous devons
voir le jardin cosmique
tout entier : en une seule
respiration, le sentir ;
en une seule écoute,
l'entendre ; en une seule
bouchée, le goûter et,
par notre seul corps,
le toucher.

Taisen Deshimaru
(moine bouddhiste zen japonais ;
1914-1982)

66

Sur le chemin spirituel,
il ne faut rien chercher
qui serait extraordinaire.
L'extraordinaire est
dans la profondeur
de l'ordinaire !

David Émile Durkheim

(sociologue français ; 1858-1917)

67

Le chemin de la sagesse ou de la liberté est un chemin qui mène au centre de son propre être.

Mircea Eliade

(écrivain et philosophe roumain ;

1907-1986)

68

L'aspiration, c'est par là que nous valons
quelque chose, une âme se mesure
à la dimension de son désir.

Gustave Flaubert

(écrivain français ; 1821-1880)

69

Même si je descends jusqu'en enfer,
le bras de Dieu est assez long pour
m'en retirer. Il l'a dit en propres termes
dans l'Écriture. Je sais qu'Il est là.
Et non seulement je le sais, mais je le crois.

Julien Green
(écrivain français ; 1900-1998)

70

La véritable spiritualité
n'est pas une croyance
ou une foi déterminée.
Elle est l'anoblissement
de l'âme du fait de son élévation
au-dessus des barrières de la vie matérielle.

Hazrat Inayat Khan

(musicien et soufi indien ; 1882-1927)

71

Dieu ne nous envoie pas
le désespoir pour nous tuer.
Il nous l'envoie pour réveiller
en nous une nouvelle vie.

Hermann Hesse

(écrivain allemand ; 1877-1962)

72

On a toujours plus de religion
qu'on ne croit.

Marcel Jouhandeau

(écrivain français ; 1888-1979)

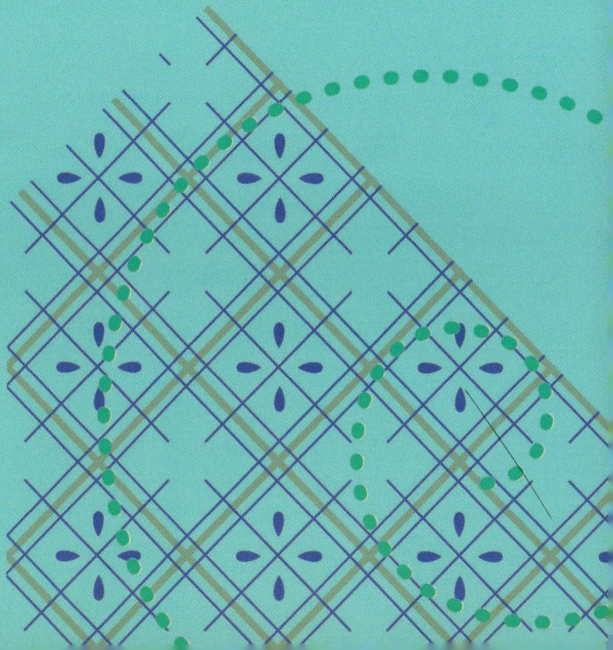

73

**La science ne peut prouver
que Dieu n'existe pas, car il y a là
quelque chose qui lui échappe
par nature.**

Emmanuel Kant

(philosophe allemand ; 1724-1804)

La vie ne serait qu'une folie incohérente
si la spiritualité ne la réglait pas.

Louis Hubert Lyautey

(maréchal de France ; 1854-1934)

75

**Quand on a la foi,
le cœur suffit à vous guider.**

Naguib Mahfouz

(écrivain égyptien ; 1911-2006)

L'esprit qui médite sur l'apparition et
la disparition, qui considère l'impermanence
du monde, on le nomme esprit d'Éveil.

Nagarjuna
(philosophe et écrivain bouddhiste indien ;
IIe siècle av. J.-C.)

77

Quand on a la foi,
on peut se passer de la vérité.

Friedrich Nietzsche
(philosophe allemand ; 1844-1900)

78

**Il n'y a de bien en cette vie
que l'espérance d'une autre vie.**

Blaise Pascal

(mathématicien et philosophe français ; 1623-1662)

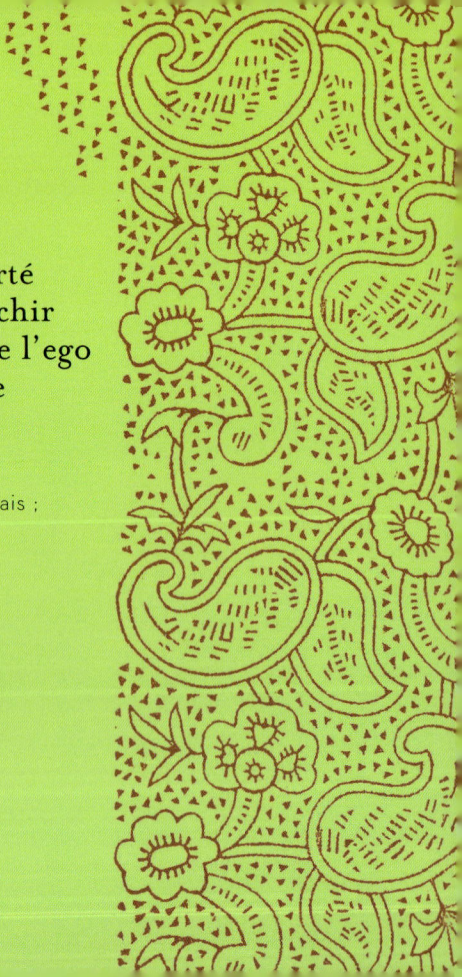

La véritable liberté
exige de s'affranchir
de la dictature de l'ego
et de son cortège
d'émotions.

Matthieu Ricard
(moine bouddhiste français ;
né en 1946)

80

Quand Dieu veut délivrer
de leurs tentations ses enfants,
il ne leur enlève pas les épreuves, mais
leur donne la patience de les supporter.

Saint Isaac le Syrien

(théologien syrien ; 640-700)

81

Le but de la vie sainte n'est pas
d'acquérir de la réputation,
de devenir moralement impeccable,
de se concentrer ou de devenir
savant. C'est l'inébranlable
délivrance du cœur qui est l'objet
de la vie sainte.

Siddhartha Gautama, dit le Bouddha
(fondateur du bouddhisme ; 624-544 av. J.-C.)

82

J'attends de Dieu
qu'Il me donne l'humilité
pour accepter ce qui
ne peut être changé,
le courage pour changer
ce qui peut l'être, et la sagesse
pour distinguer l'un de l'autre.

Sœur Emmanuelle
(religieuse française ; 1908-2008)

83

Désirer Dieu, cela signifie un désir
spontané de Lui appartenir.
Cet assujettissement, tout intérieur
et volontaire de notre part, constitue
le Règne que Dieu exerce sur nous.

Vladimir Soloviev

(philosophe et poète russe ;

1853-1900)

84

**Toute parole et toute action jaillissent
toutes prêtes du Silence éternel.**

Sri Aurobindo

(philosophe, écrivain et yogi indien ; 1872-1950)

85

Le dessein de toutes les traditions religieuses majeures n'est pas de construire de vastes temples à l'extérieur, mais de créer des temples de bonté à l'intérieur, dans nos cœurs.

Tenzin Gyatso
(chef bouddhiste tibétain, 14ᵉ dalaï-lama ; né en 1935)

86

Dieu est la vérité.
Qui cherche la vérité,
cherche Dieu, qu'il en soit
conscient ou non.

Édith Stein, dite sainte Thérèse-Bénédicte de la Croix
(religieuse, philosophe et théologienne allemande ;
1891-1942)

La foi consiste à ne jamais
renier dans les ténèbres
ce qu'on a entrevu
dans la lumière.

Gustave Thibon
(philosophe français ; 1903-2001)

88

L'idée de Dieu est
ce que je puis éveiller
ou ne pas éveiller en moi.

Léon Tolstoï

(écrivain russe ; 1828-1910)

89

**Croire en Dieu c'est avant tout
et par-dessus tout vouloir qu'il existe.**

Miguel de Unamuno

(écrivain espagnol ; 1864-1936)

90

L'univers m'embarrasse et je ne puis
songer que cette horloge existe
et n'ait point d'horloger.

Voltaire

(écrivain et philosophe français ; 1694-1778)

91

La spiritualité m'intéresse,
mais pas la religion ou la mystique.
Nous souffrons d'ailleurs beaucoup
de l'absence d'une sorte
de spiritualité laïque.

Bernard Weber

(écrivain français ; né en 1961)

92

Marcher jusqu'au lieu où tarit
la source et attendre, assis,
que se lèvent les nuages.

Wang Wei

(maître bouddhiste chinois ; 701-761)

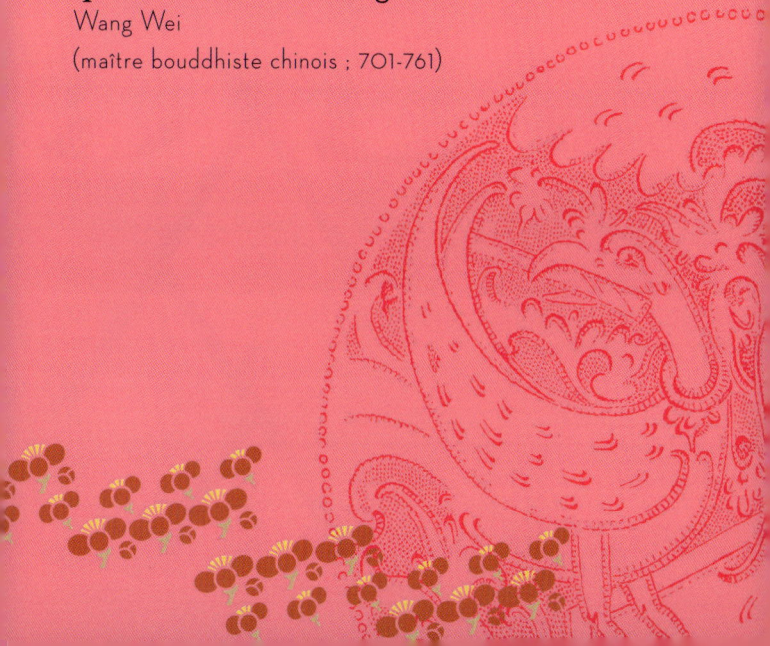

93

Ce que nous cherchons n'est pas
une religion, mais ouvrir
un chemin au cœur de la réalité
qui transcende toutes
les religions.

Kenneth White

(poète et penseur écossais ;

né en 1936)

94

Dieu est transcendant
et immatériel, on ne peut
le réaliser sinon en esprit.
Or, les esprits des hommes
diffèrent et chaque homme
conçoit Dieu selon
ses facultés, à sa manière,
à son image.

Amadou Hampâté Bâ
(écrivain et ethnologue malien ; 1900-1991)

95

Il est vrai qu'un peu de philosophie incline l'esprit de l'homme à l'athéisme, mais une philosophie profonde amène les esprits des hommes à la religion.

Francis Bacon

(philosophe et homme d'État anglais ; 1561-1626)

96

Dieu laisse dans la nature le bien et le mal en gardant pour lui seul le secret de leur lutte perpétuelle.

Honoré de Balzac

(écrivain français ; 1799-1850)

Mais, ce que nous appelons hasard, c'est peut-être la logique de Dieu ?

Georges Bernanos

(écrivain français ; 1888-1948)

98

L'idée même de Dieu est incluse
dans l'idée de la vie. Croire en la vie,
c'est croire en Dieu — quiconque
vit croit en Dieu dans la mesure
même où il vit.

André Billy

(essayiste et critique littéraire français ; 1882-1971)

99

On ne fait pas descendre Dieu,
il n'est pas un moyen de vivre
la vie ordinaire, il est le sommet
vers lequel nous devons tendre.

Hélène Carrère d'Encausse

(historienne et académicienne ; née en 1929)

100

Où habite Dieu ?
Dieu habite où on le fait entrer.

Martin Buber

(philosophe et penseur religieux israélien ; 1878-1965)

101

L'homme a besoin de prière, autant que son corps a besoin d'oxygène.

Alexis Carrel

(chirurgien et biologiste français ; 1873-1944)

102

Le temps est un voile interposé entre nous et Dieu, comme notre paupière entre notre œil et la lumière.

François René de Chateaubriand (écrivain français ; 1768-1848)

103

Ce qui empêche de voir Dieu
est que notre esprit est compliqué
et que Dieu est simple.

Malcom de Chazal

(écrivain et poète français ; 1902-1981)

104

La voie du Maître se ramène à ceci :
exigence envers soi-même,
mansuétude pour les autres.

Confucius

(philosophe chinois ; 551-479 av. J.-C.)

105

La prière est pour moi un besoin aux faces multiples, c'est l'écoute de Dieu par le recueillement et le silence, avec des temps faibles et des temps forts selon les phases de l'existence.

Jacques Delors
(homme politique français ; né en 1925)

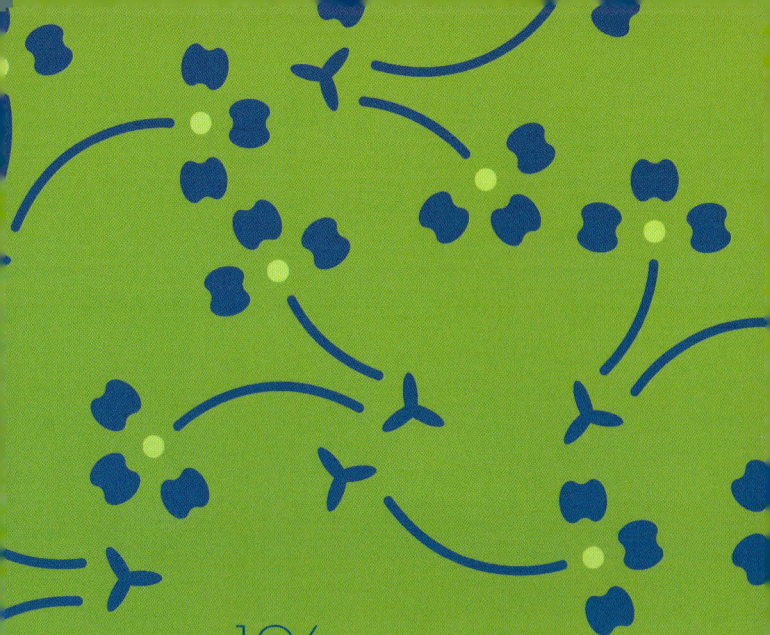

106

**Plus vous progresserez,
plus vous vous apercevrez
que l'univers est divin.**

Arnaud Desjardins

(grand reporter et écrivain français ; né en 1925)

107

S'abstenir de tout mal,
cultiver le bien, purifier son cœur,
voici l'enseignement des Bouddhas.

Extrait du Dhammapada
(texte bouddhique ancien)

108

Le livre du soufi n'est
pas composé d'encre et
de lettres ; il n'est rien d'autre
qu'un cœur blanc comme neige.

Djalal al-dîn Rûmi

(écrivain et mystique persan ; 1207-1273)

109

**Toutes choses ont un pourquoi,
mais Dieu n'a pas de pourquoi.**

Maître Eckhart

(théologien et philosophe dominicain allemand ; 1260-1327)

110

L'escalier de la science est l'échelle de Jacob, il ne s'achève qu'aux pieds de Dieu.

Albert Einstein

(physicien allemand ; 1879-1955)

111

Dans votre cheminement spirituel
ne laissez en aucune manière
les tentations, le doute et
l'orgueil s'infiltrer en vous,
car dans la voie
du perfectionnement
il n'y a pas de plus grand danger.

Ostad Elahi
(philosophe, théologien
et musicien iranien ;
1895-1974)

Prier ce n'est ni demander ni recevoir. C'est se laisser transformer, se laisser transfigurer pour adopter lentement le visage de Celui à qui l'on s'adresse.

Louis Evely

(écrivain et prêtre belge ; 1910- 1985)

113

Si un homme atteint le cœur de sa propre religion, il atteint également le cœur des autres religions.

Gandhi

(homme politique et guide spirituel indien ; 1869-1948)

114

Tout peut être dit de Dieu,
mais rien de ce que l'on pourra
dire de Lui ne sera digne de Dieu.

Saint Augustin

(philosophe, théologien et écrivain français ; 354-430)

115

La religion n'est pas chagrine.
Qui la pratique avec exactitude
et sincérité a trouvé une admirable
règle de vie.

Georges Goyau

(historien et essayiste français ; 1869-1939)

116

Nous autres, Indiens, vivons
dans un monde de symboles
et d'images où le spirituel
et l'ordinaire des jours ne font qu'un.

Héhaka Sapa (Élan Noir)

(guérisseur de la tribu des Sioux ; 1863-1950)

117

En vérité tu ne sais rien de la sagesse — tant que tu n'as pas fait l'expérience des ténèbres.

Hermann Hesse
(écrivain allemand ; 1877-1962)

118

Le grand bienfait de
la religion est d'empêcher
l'homme d'être superstitieux.

Joseph Joubert

(écrivain français ; 1754-1824)

119

L'impossibilité où je suis de prouver
que Dieu n'existe pas me fait découvrir
son existence.

Jean de La Bruyère
(écrivain français ; 1644-1699)

120

De quelque manière
qu'on s'y prenne,
on ne saurait
se passer de
l'existence divine.

Gottfried Wilhelm von Leibniz
(philosophe et mathématicien
allemand ; 1646-1716)

121

Ce n'est qu'en aimant nos ennemis
que nous pouvons connaître Dieu et
faire l'expérience de sa sainteté.

Martin Luther King
(pasteur américain ; 1929-1968)

122

Dieu descend à terre aussi
naturellement que la musique
de Mozart monte au ciel,
mais il nous manque l'oreille
pour l'entendre.

Christian Bobin

(écrivain français ; né en 1951)

123

Si je ne m'abreuvais pas
au flot continuel de l'Éveil,
comment, sans eau,
résisterais-je à la soif ?

Milarepa
(moine bouddhiste tibétain ; 1040-1123)

124

Chose admirable ! la religion chrétienne, qui ne semble avoir d'objet que la félicité de l'autre vie, fait encore notre bonheur dans celle-ci.

Montesquieu

(philosophe français ; 1689-1755)

125

Tous les cent ans naît un homme qui est digne de l'Unicité divine.

Abul Hassan Kharaqânî

(soufi iranien ; 963-1033)

126

Si les mots viennent de ton cœur, ils pénètreront les cœurs, mais s'ils viennent de ta langue, ils ne passeront pas au-delà des oreilles.

Al-Suhrawardi
(auteur et musicien soufi iranien ; 1145-1234)

127

Le chamanisme est un état de conscience, la faculté d'utiliser des champs énergétiques qui ne sont pas utilisés dans la perception du monde de la vie quotidienne que nous connaissons.

Carlos Castaneda
(écrivain et anthropologue américain ; 1925-1998)

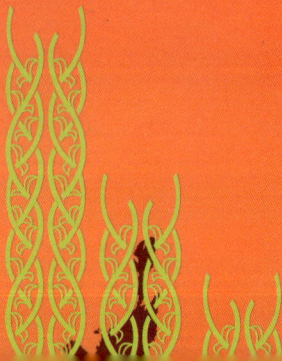

128

C'est Dieu qui donne
naturellement son sens à la vie.

Christian Chabanis

(écrivain et journaliste français ; 1936-1989)

129

Il n'existe pas de maître
absolu, on est toujours
élève et maître à la fois.
Car le maître lui-même
apprend des autres.

Chef de village Dogon

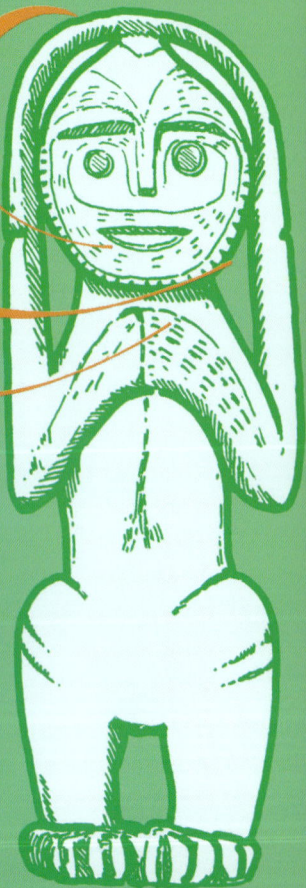

130

Le maître ultime, l'absolu,
n'est jamais séparé de nous,
mais les gens immatures l'ignorent
et cherchent à l'extérieur, loin d'eux.

Dilgo Khyentse Rinpoché
(maître bouddhiste tibétain : 1910-1991)

131

Certes Dieu n'a pas besoin
de l'existence ; c'est bien plutôt
l'existence qui a besoin de Dieu.

Alain

(philosophe français ; 1868-1951)

132

La Perfection n'est pas
dans l'exhibition
des pouvoirs miraculeux,
mais la Perfection est
d'être assis parmi les gens,
vendre et acheter, épouser
et avoir des enfants ;
et ne jamais quitter
la présence d'Allah
même pour un moment.

Abu Saïd Al-Kharraz
(auteur soufi iranien ; II° siècle)

133

Dieu nous forme par la souffrance
à quelque chose qui nous dépasse,
c'est quand on ne peut plus rien faire
que l'on peut commencer
à adorer Dieu.

Alfred Ancel
(évêque ouvrier français ; 1898-1934)

134

La raison pour laquelle les mouches peuvent voler et nous pas, c'est tout simplement qu'elles ont une foi parfaite, car avoir la foi, c'est avoir des ailes.

James Barrie
(écrivain et dramaturge anglais ;
1860-1937)

135

La religion, c'est souvent le tout
et le contraire du tout : il faut
que chacun puisse y retirer son miel.

Tahar Ben Jelloun

(écrivain marocain ; né en 1944)

136

L'espérance est une détermination héroïque de l'âme et sa plus haute forme est le désespoir surmonté.

Georges Bernanos

(écrivain français ; 1888-1948)

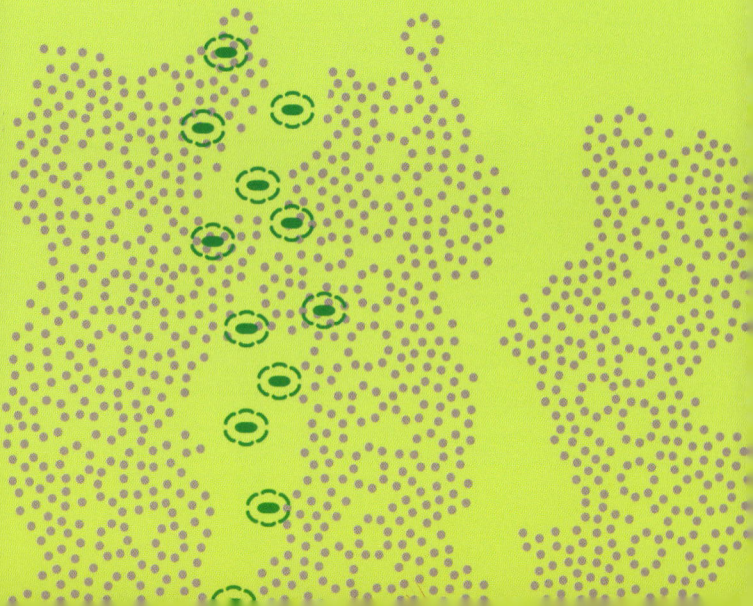

137

C'est chose notoire que l'homme
ne parvient jamais à la pure
connaissance de soi-même jusqu'à
ce qu'il ait contemplé la face de Dieu,
et que, du regard de celle-ci,
il descende à regarder soi.

Jean Calvin

(théologien et pasteur français ; 1509-1564)

138

Dans la foi, on parle de Dieu.
Dans l'espérance, on écoute Dieu.
Dans la charité, on a l'expérience
de Dieu.

Carlo Carretto

(enseignant italien, fondateur des Petits Frères
de l'Évangile ; 1910-1988)

139

La signature de Dieu, ce n'est ni
la puissance, ni le génie, ni même
la justice : c'est la tendresse.
Et rien n'empêche qu'elle soit
aussi notre signature.

Gilbert Cesbron

(écrivain français ; 1913-1979)

140

Dans la vie acceptée, il y a quelque chose qui est plus que la vie.

Jacques Chardonne

(romancier français ; 1884-1968)

141

Il est plus facile de dire ce que l'on sait, il est plus difficile de dire ce que l'on croit, car là, il ne suffit pas de le dire, il convient de le vivre !

Pierre Chaunu

(historien et démographe français ; né en 1923)

142

Je cherchais Dieu et je n'ai trouvé
que moi-même, je me suis cherché
moi-même et j'ai trouvé Dieu.

Abdallah Asahia

(soufi iranien ; vers le IIe siècle)

143

Être, c'est être libre d'avoir,
libre du désir d'avoir, de quelque
avoir qu'il s'agisse, matériel, mental,
émotionnel, intellectuel,
et même spirituel.

Arnaud Desjardins

(grand reporter et écrivain français ; né en 1925)

144

Si tu es à la recherche de
la demeure de l'âme, tu es une âme.
Si tu es en quête d'un morceau
de pain, tu es du pain.
Si tu peux saisir le secret
de cette subtilité, tu comprendras :
Chaque chose que tu recherches,
c'est cela que tu es.

Djalal al-dîn Rûmi
(écrivain et mystique persan ; 1207-1273)

145

L'Éveil vient de la pratique,
ainsi l'Éveil est sans limite ;
la pratique vient de l'Éveil,
ainsi la pratique n'a pas
de commencement.

Eihei Dôgen

(maître bouddhiste et philosophe japonais ; 1200-1253)

146

La plus belle émotion
que nous puissions éprouver
est l'émotion mystique.

Albert Einstein

(physicien allemand ; 1879-1955)

147

La clé qui ouvre l'accès à tous les niveaux de la spiritualité, c'est la volonté.

Ostad Elahi
(philosophe, théologien
et musicien iranien ; 1895-1974)

148

À chacun de nous,
Dieu offre le choix
entre la vérité et la tranquillité.
Ce choix, faites-le ;
jamais vous n'obtiendrez
à la fois l'une et l'autre.

Ralph Waldo Emerson

(écrivain et philosophe américain ; 1803-1882)

149

Sans doute c'est cette idée
de la parfaite et suprême unité
qui me fait tant chercher
quelque unité dans les esprits,
et même dans les corps.

Fénelon

(philosophe français ; 1651-1715)

150

Quand vous aimez,
vous ne devez pas dire
« Dieu est dans un cœur »,
mais plutôt « je suis
dans le cœur de Dieu ».

Khalil Gibran

(poète et peintre libanais ; 1883-1931)

151

Les choses se trouvent cachées
dans leurs opposés, et,
sans l'existence des opposés,
Celui qui oppose
ne serait pas manifesté.

Ahmad Al-Alawi
(enseignant et religieux algérien ; 1869-1934)

152

Qu'y a-t-il de plus heureux,
qu'y a-t-il de plus sublime,
qu'y a-t-il de plus noble que d'être
avec Dieu, que d'être transfiguré
en Dieu dans la lumière ?

Anastase le Sinaïte

(moine au monastère de sainte Catherine au Sinaï ;
seconde moitié du VIIe siècle)

153

Qu'il se veuille athée ou croyant,
l'homme est accompagné par Dieu
comme, au soleil, par son ombre
portée : « Le Dieu qui partout…
suit… la main sur l'épaule. »
La question de Dieu s'impose
à l'individu en même temps
que celle de la mort personnelle.

Jean-Claude Barreau
(essayiste français ; né en 1933)

154

Les fondements mêmes
de toute vie spirituelle
sont primo : discerner
le réel et l'illusoire ;
et secundo :
se concentrer sur le réel.

Frithjof Schuon
(écrivain mystique suisse ;
1907-1998)

155

Si tu vois l'âme dans
n'importe quel être vivant,
Ta vision est vraie.
Si tu vois l'immortalité
dans le cœur de n'importe
quel être mortel,
Ta vision est vraie.

Extrait du Bhagavad Gîtâ
(texte sacré indien,
entre le Ve et le IIe siècle av. J.-C.)

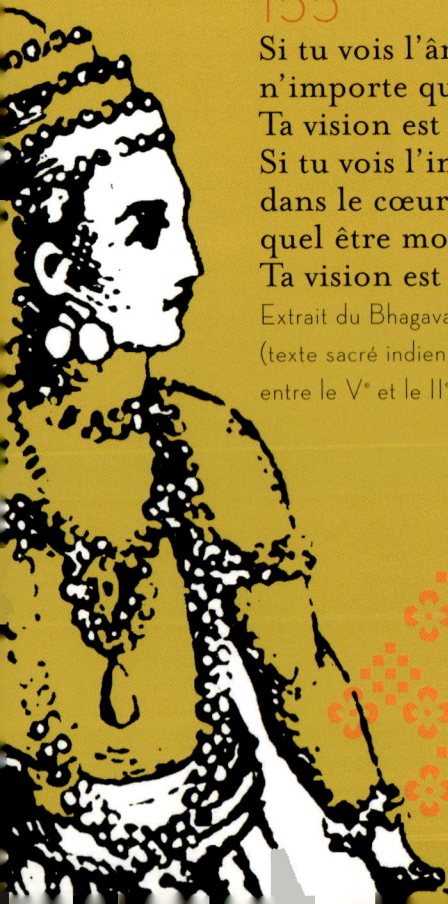

156

Une étincelle d'amour de Dieu
est capable de soutenir un cœur
durant l'éternité.

Jacques-Bénigne Bossuet
(homme d'Église, prédicateur et écrivain français ;
1627-1704)

157

Il n'y a pas a proprement parler,
de « quête de Dieu », parce qu'il
n'y a rien où on ne le puisse trouver.

Martin Buber
(philosophe et penseur religieux israélien ; 1878-1965)

158

La religion est le seul pouvoir
devant lequel on peut se courber
sans s'avilir.

François René de Chateaubriand

(écrivain français ; 1768-1848)

159

La force de celui qui croit
en Dieu n'est pas en Dieu
mais dans sa foi.

Thierry Maulnier

(écrivain et académicien français ; 1909-1988)

Négligez et vous perdrez.
Cherchez et vous trouverez.
Mais chercher ne conduit à trouver
que si nous cherchons
ce qui est en nous.

Confucius
(philosophe chinois ; 551-479 av. J.-C.)

龍鳳閣

洪　謝

161

La nature du Bouddha est en vous, partout, dans votre corps, vos cellules.

Taisen Deshimaru

(moine bouddhiste zen japonais ; 1914-1982)

162

En ayant de la gratitude envers l'existence,
je me rapproche de la lumière, de la totalité,
de l'énergie universelle, de l'amour.
Je dépasse ma vie et je découvre
que je suis une expression,
ou une forme de la vie universelle,
de l'énergie divine.

Arnaud Desjardins
(grand reporter et écrivain français ; né en 1925)

163

Aller à la quête du Bouddha,
c'est aller à la quête de soi.
C'est chercher à se connaître
et parvenir à s'oublier soi-même.

Eihei Dôgen

(maître bouddhiste et philosophe japonais ; 1200-1253)

164

Lorsque l'homme
se détourne des choses
temporelles et se tourne
en lui-même, il perçoit
une lumière céleste
qui vient du ciel.

Maître Eckhart
(théologien et philosophe
dominicain allemand ; 1260-1327)

165

Il faut atteindre le point où prier vous procure joie et plaisir, et ne se réduit pas uniquement à l'accomplissement d'un devoir.

Ostad Elahi

(philosophe, théologien et musicien iranien ; 1895-1974)

166

C'est l'amour que Dieu a pour
nous qui nous donne tout.
Mais le plus grand don qu'il nous
puisse faire, c'est de nous donner
l'amour que nous devons avoir
pour lui.

Fénelon
(philosophe français ; 1651-1715)

167

L'amour de Dieu, l'amour du prochain…
Là est toute la religion… Comment
y arriver ? Pas en un jour puisque c'est
la perfection même : c'est le but auquel
nous devons tendre toujours, dont
nous devons nous rapprocher sans cesse
et que nous n'atteindrons qu'au ciel.

Charles de Foucauld
(explorateur et missionnaire français ; 1858-1916)

168

**Nul ne peut atteindre
l'aube sans passer par
le chemin de la nuit.**

Khalil Gibran

(poète et peintre libanais ; 1883-1931)

169

Ce n'est pas une religion particulière
qui peut conduire
à la spiritualité ; la spiritualité
dépend de l'harmonisation
de l'âme.

Hazrat Inayat Khan

(musicien et soufi indien ; 1882-1927)

170

Toute la vie est sacrée,
notre vie à tous qui allons
sur deux jambes, et que
nous partageons avec ceux
qui vont à quatre pattes,
et avec ceux qui ont des ailes
et qui vont dans les airs,
et toutes les choses vertes.
Car ils sont enfants d'une
même mère, et leur père
est un seul Esprit.

Héhaka Sapa (Élan Noir)
(guérisseur de la tribu des Sioux ; 1863-1950)

171

Je crois, voilà tout. La foule a les yeux faibles. C'est son affaire. Les dogmes et les pratiques sont des lunettes qui font voir l'étoile aux vues courtes. Moi je vois Dieu à l'œil nu.

Victor Hugo

(écrivain et poète français ; 1802-1885)

172

L'homme dispersé songe,
le matin, à ce qu'il va faire.
L'homme intelligent se demande
ce que Dieu va faire de lui.

Ahmad Ibn'Ata'Allah

(philosophe et mystique musulman ; vers 1250-1309)

173

Sans méditation, on est comme
aveugle dans un monde
d'une grande beauté, plein
de lumières et de couleurs.

Jiddu Krishnamurti

(écrivain et philosophe indien ; 1895-1986)

174

Dès que l'on pénètre le bouddhisme, on sent s'éveiller en soi une sensation d'euphorie permanente comparable à celle que l'on ressent après avoir bu un vin délicat.

Lao Tseu

(philosophe chinois ; 570-490 av. J.-C.)

175

Pour trouver Dieu en réalité,
il faut descendre jusqu'à
cette profondeur de soi
où l'homme n'est plus
qu'image de Dieu ;
là même où au jaillissement
de soi, il ne se trouve
plus que Dieu.

Henri Le Saux

(moine bénédictin français ; 1910-1973)

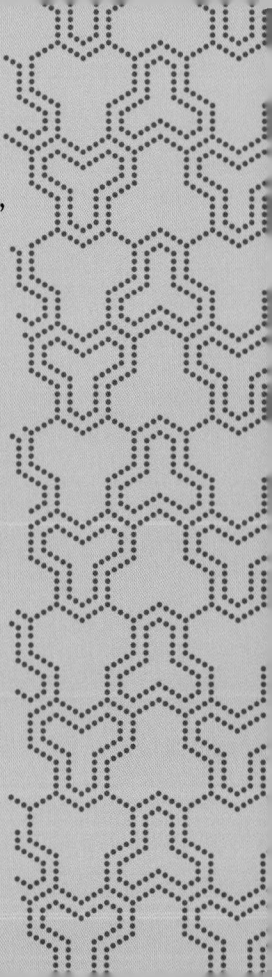

176

La connaissance sans la pratique
est supérieure à la pratique sans
la connaissance. La pratique jointe
à la connaissance est supérieure
à la connaissance sans la pratique et,
l'action sans désir est encore
supérieure à la connaissance jointe
à la pratique.

Ramana Maharshi

(philosophe et mystique hindou ; 1879-1950)

177

Le seul domaine où le divin soit visible
est l'art, quelque nom qu'on lui donne.

André Malraux

(écrivain et homme politique français ; 1901-1976)

178

On ne parvient à la vie véritable
qu'en s'élevant au-dessus de soi-même.

Gabriel Marcel

(philosophe et écrivain français ; 1889-1973)

179

Nous croyons trop souvent
que Dieu n'écoute pas
nos questions, c'est nous
qui n'écoutons pas
ses réponses.

François Mauriac
(écrivain français ; 1885-1970)

180

La supériorité de Mahomet
est d'avoir fondé une religion
en se passant de l'enfer.

Napoléon Bonaparte
(homme politique français ; 1769-1821)

181

Dieu n'est pas l'éternité,
il n'est pas l'infini, mais
il est éternel et infini.
Il n'est ni la durée ni
l'espace ; mais il a existé
de tout temps et
sa présence est partout.

Isaac Newton
(mathématicien et philosophe anglais ;
1643-1727)

182

Dieu imprègne tout.
Il est en vous. Sans Lui
vous ne pouvez pas parler.
Alors méditez et réalisez-Le.

Paramahansa Hariharananda
(mystique indien ; 1908-2002)

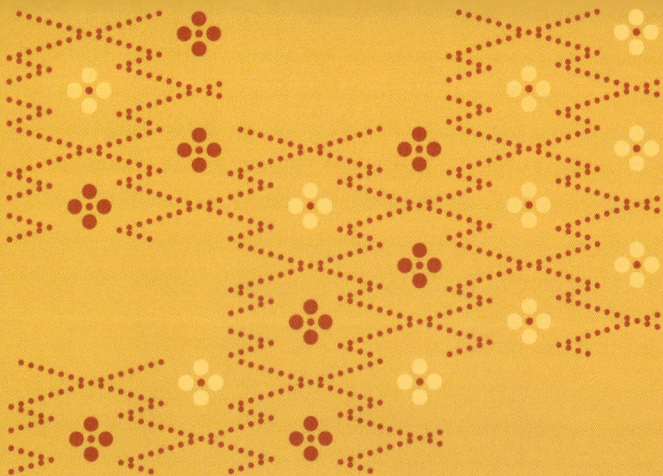

183

La nature a des perfections
pour montrer qu'elle est l'image
de Dieu et des défauts pour montrer
qu'elle n'en est que l'image.

Blaise Pascal

(mathématicien et philosophe français ; 1623-1662)

184

La foi ne change pas les choses ;
mais elle change le cœur
et le regard sur les personnes
et sur les choses.

René Pillot

(auteur de théâtre et comédien français ;
né en 1939)

185

Savoir et croire ne sont pas antinomiques. La raison et la foi sont deux rivières qui forment le fleuve de la connaissance.

Jean Prieur

(romancier et auteur dramatique français ; né en 1914)

186

L'esprit n'est jamais né,
l'esprit ne cessera jamais.
Et il n'y eut pas de temps
où il n'était pas.
Fin et commencement
sont des rêves.

Proverbe sioux

187

Quand on aime quelqu'un,
on ne fait pas toujours
le lien explicite avec Dieu,
et pourtant, on touche Dieu.

Henri Queffélec

(écrivain français ; 1910-1992)

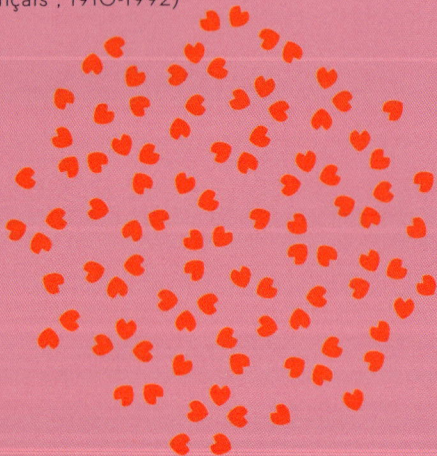

188

Les fruits de la pratique
spirituelle — la sérénité,
la vigilance, la clarté
de l'esprit —
et ses manifestations
extérieures — la bonté,
le non-attachement,
la patience — relèvent
plus de la preuve
que de la croyance.

Jean-François Revel
(essayiste français ; 1924-2006)

189

Chaque étape est
une avancée considérable
vers la plénitude
et la satisfaction profonde.
Le voyage spirituel revient
à passer de vallée en vallée :
Le passage de chaque col
dévoile un paysage
plus magnifique
que le précédent.

Matthieu Ricard

(moine bouddhiste français ; né en 1946)

190

Si nous revenons à notre propre cœur, nous trouvons Dieu au fond.

Saint Augustin

(philosophe, théologien et écrivain français ; 354-430)

191

La connaissance de l'essence divine, c'est la sensation de son incompréhensibilité.

Saint Basile de Césarée
(docteur de l'Église d'Orient ; 329-379)

192

Dieu ne communique jamais la sagesse mystique sans y joindre l'amour par lequel elle se répand.

Saint Jean de la Croix

(docteur de l'Église et poète espagnol ; 1542-1591)

193

Il est précieux d'être
intimement persuadé,
et des choses vers lesquelles
nous tendons, et de notre capacité
de les atteindre, avec l'aide de Dieu.

Frithjof Schuon

(écrivain mystique suisse ; 1907-1998)

194

Fiez-vous au message du maître,
non à sa personnalité.
Fiez-vous au sens,
non aux mots seuls.
Fiez-vous au message
ultime, non au sens relatif.
Fiez-vous à votre esprit
de sagesse, non à votre esprit
ordinaire qui juge.

Siddhartha Gautama, dit le Bouddha
(fondateur du bouddhisme ; 624-544 av. J.-C.)

195

La vraie spiritualité consiste à être conscient du fait que, si une relation d'interdépendance nous lie à chaque chose et à chaque être, la moindre de nos pensées, paroles ou actions aura de réelles répercussions dans l'univers entier.

Sogyal Rinpoché
(maître bouddhiste tibétain ; né en 1947)

196

La Nature n'agit pas en vue d'une fin ;
car cet Être éternel et infini,
que nous appelons Dieu ou la Nature,
agit avec la même nécessité qu'il existe.

Baruch Spinoza
(philosophe hollandais ; 1632-1677)

197

La foi est une intuition
qui non seulement attend
l'expérience pour être justifiée,
mais qui conduit à l'expérience.

Sri Aurobindo

(philosophe, écrivain et yogi indien ; 1872-1950)

198

**Dieu ne rit pas
de ses créatures,
Il rit avec elles.**

Extrait du Talmud

199

**Tout peut se reprendre
et fondre en Dieu, même les fautes.**

Pierre Teilhard de Chardin

(théologien et philosophe français ; 1881-1955)

200

Ce n'est pas mourir pour sa foi
qui est le plus difficile, c'est de vivre
conformément à cette foi.

William Thackeray
(écrivain anglais : 1811-1863)

201

Toute vérité, quel que soit celui
qui l'exprime, vient de l'Esprit Saint
comme source de la lumière naturelle
et comme exerçant sur l'esprit de l'homme
une motion pour saisir et dire le vrai.

Saint Thomas d'Aquin
(théologien et philosophe italien ; 1225-1274)

202

Une foi qui ne doute pas est une foi morte.

Miguel de Unamuno

(écrivain espagnol ; 1864-1936)

203

L'Esprit se réfléchit dans le mental
et dans tout. C'est la lumière de
l'esprit qui rend le mental sensible.
Tout est expression de l'Esprit ;
les entendements sont autant de
miroirs. Ce que vous appelez
amour, crainte, haine, vertu
et vice ne sont que des réflexions
de l'Esprit. Lorsque le miroir
est défectueux, l'image est mauvaise.

Vivekânanda
(philosophe et instructeur spirituel indien ;
1863-1902)

204

On parla du plaisir, et l'ermite prouva
que c'est un présent de la Divinité :
« Car, dit-il, l'homme ne peut
se donner ni sensations ni idées,
il reçoit tout ; la peine et le plaisir
lui viennent d'ailleurs, comme son être ».

Voltaire

(écrivain et philosophe français ; 1694-1778)

205

Quand une âme est parvenue
à un amour qui emplisse également
tout l'univers, cet amour devient
ce poussin aux ailes d'or qui perce
l'œuf du monde.

Simone Weil
(philosophe française ; 1909-1943)

206
La sainteté n'est rien d'autre qu'authenticité.

Zhou Dunyi

(philosophe chinois ; 1017-1043)

207

Un bol renversé ne
se remplit jamais.
Si tu persistes à tourner
le dos à la réalité,
le bonheur et le malheur
glisseront sur ton cœur
comme l'eau d'une rivière
sur les galets. Or, l'homme
a besoin du bonheur
et du malheur pour vivre
en équilibre.

Qassab Abul Abbas
(soufi iranien ; IIe siècle)

208

Celui qui, ayant soif de Dieu, prend
la raison pour guide, elle le mène paître
dans une perplexité où elle le laisse s'agiter.
Ses états de conscience s'y fanent,
dans l'équivoque, et il se dit, perplexe :
« Existe-t-Il ? »

Mansur Al-Hallaj
(guide soufi iranien ; 857-922)

209

On peut chercher dans Dieu le complice et l'ami qui manquent toujours. Dieu est l'éternel confident dans cette tragédie dont chacun est le héros.

Charles Baudelaire

(poète et écrivain français ; 1821-1867)

210

On trouve des sociétés qui n'ont ni science, ni art, ni philosophie. Mais il n'y a jamais eu de sociétés sans religion.

Henri Bergson
(philosophe français ; 1859-1941)

211

**Dans chaque petite chose
il y a un ange.**

Georges Bernanos

(écrivain français ; 1888-1948)

212

Dieu veut que nous vivions au milieu du temps dans l'attente perpétuelle de l'éternité.

Jacques-Bénigne Bossuet

(homme d'Église, prédicateur et écrivain français ; 1627-1704)

213

Vivre zen, c'est être
lucide, trier
ce qui passe et
ce qui demeure,
c'est goûter le bonheur
du présent, et, coque
de noix dans l'océan
de l'Absolu, s'arrimer
d'instant en instant
à l'éternel.

Henri Brunel
(écrivain et professeur
de yoga français ; 1842-1903)

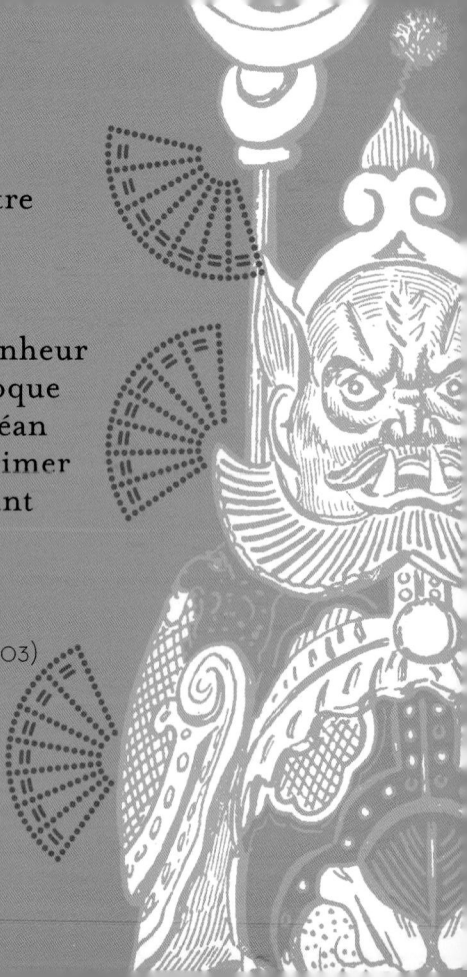

214

Vivre, c'est avoir foi.
Est vivant celui qui pratique
l'absence totale de doute,
comme la plante, comme
l'animal. Hors de cette foi,
c'est fini.

François René de Chateaubriand
(écrivain français ; 1768-1848)

215

Si nous comprenons
nos doutes,
nos souffrances,
notre vie, du tréfonds
de notre esprit,
avec toutes les cellules
de notre corps,
cela est l'Éveil.

Taisen Deshimaru
(moine bouddhiste zen japonais ;
1914-1982)

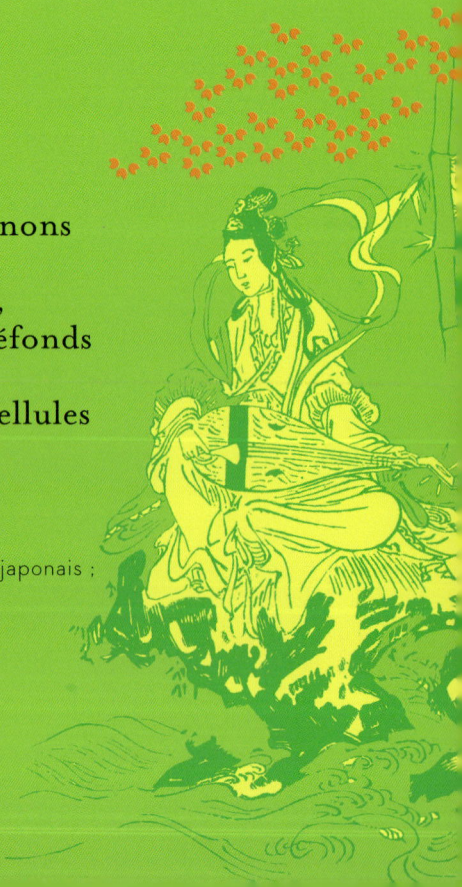

216

Le but de la voie est toujours la mort
de celui qu'on a été afin de vivre
à un tout autre niveau.

Arnaud Desjardins

(grand reporter et écrivain français ; né en 1925)

217

Père unique à l'amour immense,
tu m'as montré mon propre
trésor. Moi qui étais un mendiant,
je sens continuellement
ta présence au fond de mon cœur.

Dilgo Khyentse Rinpoché
(maître bouddhiste tibétain ; 1910-1991)

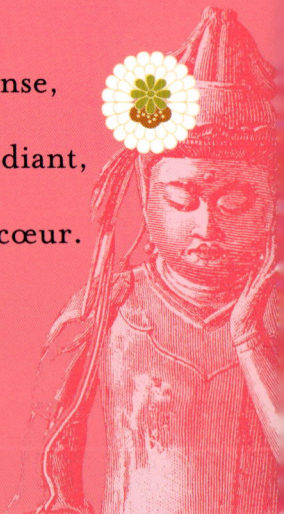

218

L'œil par lequel je vois Dieu est l'œil par lequel Dieu me voit.

Maître Eckhart

(théologien et philosophe dominicain allemand ; 1260-1327)

J'affirme que
le sentiment religieux
cosmique est le motif
le plus puissant
et le plus noble de
la recherche scientifique.

Albert Einstein

(physicien allemand ; 1879-1955)

220

L'ombre de la nostalgie,
de l'envie, du regret, du remords,
des souvenirs amers et de la peur
de mourir plane sur tout homme.
Nul n'y échappe, sauf celui
qui travaille spirituellement.

Ostad Elahi

(philosophe, théologien et musicien iranien ; 1895-1974)

221

Qu'est-ce que croire ? Sinon retrouver la vérité de notre être, la profondeur à laquelle nous sommes reliés à la source et laisser l'Esprit de Dieu faire en nous ce dont nous sommes capables.

Louis Evely

(écrivain et prêtre belge ; 1910- 1985)

222

De la concentration naît la sagesse.
Méditer, c'est d'abord calmer son esprit
et rassembler son attention.
La concentration n'engendre pas
seulement un sentiment de paix
et de tranquillité, elle sert aussi de base
pour approfondir la vision pénétrante
et la sagesse. Nous nous ouvrons alors
à la souffrance du monde, en même
temps qu'à sa grande beauté.

Joseph Goldstein
(professeur de méditation bouddhique américain ;
né en 1944)

223

Tout ce que fait un indien,
il le fait dans un cercle.
Il en est ainsi parce que le Pouvoir
de l'Univers opère toujours en cercles
et que toute chose tend à être ronde.

Héhaka Sapa (Élan Noir)

(guérisseur de la tribu des Sioux ; 1863-1950)

224

Rien ne fut, rien ne sera ;
tout est, tout a sa vie
et appartient au présent.

Hermann Hesse
(écrivain allemand ; 1877-1962)

225

La contemplation de la nature
fait les poètes ; la méditation
de la destinée fait les penseurs.
Le poète et le penseur regardent
chacun un côté du mystère.
Dieu est derrière le mur.

Victor Hugo
(écrivain et poète français ; 1802-1885)

226

Il est prairie pour les gazelles,
couvent pour les moines, temple
pour les idoles, Mecque pour les pèlerins,
tablettes de la Torah et livre du Coran.
Je suis la religion de l'amour, partout
où se dirigent ses montures,
l'amour est ma religion et ma foi.

Ibn'Arabi
(philosophe et mystique musulman ; 1165-1240)

227

Il faut avoir l'oreille de l'âme
libérée de tout bruit pour saisir
cette voix divine qui résonne
dans l'univers.

Karol Jozef Wojtyla, dit Jean-Paul II
(pape polonais ; 1920-2005)

228

On ne peut pas plus penser
Dieu que l'on ne peut
se penser soi-même.
Se penser, c'est se perdre,
c'est prendre pour soi
une image réflexe et construite.

Henri Le Saux
(moine bénédictin français ; 1910-1973)

229

Tout ce que je suis, c'est une chair, avec
un souffle et un principe directeur […].
Examine aussi ce qu'est le souffle :
du vent qui n'est pas toujours le même,
car à tout moment tu le rends
pour en avaler d'autre.

Marc Aurèle

(empereur et philosophe romain ; 121-180)

230

La prière est un acte par lequel
je me situe devant ce qui me dépasse.

Gabriel Marcel

(philosophe et écrivain français ; 1889-1973)

231

L'homme a ce choix : laisser entrer
la lumière ou garder les volets fermés.

Henry Miller

(écrivain américain ; 1891-1980)

232

Le nirvana n'est pas inexistence.
D'où viendrait alors qu'on le réalise ?
Est appelé nirvana la cessation de toute prise
de conscience quant à être et non-être.

Nagarjuna

(philosophe et écrivain bouddhiste indien ; II⁰ siècle av. J.-C.)

233

L'important n'est pas
que le miracle ait lieu,
mais qu'il soit utile.

Parole de chaman

234

Dieu est celui qui enseigne
l'ivresse contrôlée ; il est un maître,
et il ne tient qu'à toi de faire
de ton paraître une esquisse de maîtrise,
qui en toi fera danser l'être.

Daniel Pons
(poète et écrivain français ; 1932-1986)

235

Toutes les religions ont sauvé
un certain nombre d'âmes,
mais aucune n'a encore
été capable de spiritualiser
l'humanité. Pour cela,
ce ne sont pas les cultes
ni les credos qui sont
nécessaires, mais un effort
soutenu d'évolution
spirituelle individuelle,
qui englobe tout.

Sri Aurobindo
(philosophe, écrivain et yogi indien ;
1872-1950)

Si vous éprouvez pour Dieu une foi solide, contentez-vous de vous y tenir fermement et ne vous souciez pas de ce qui arrive autour de vous. Que ce soit le bonheur ou le malheur qui vous atteigne, demeurez totalement indifférent et conservez votre foi en Dieu.

Ramana Maharshi

(philosophe et mystique hindou ; 1879-1950)

237

Il n'y a pas de saints.
Il n'y a que de la sainteté.
La sainteté c'est la joie.

Christian Bobin
(écrivain français ; né en 1951)

238

Sa volonté doit être unie à Dieu, afin
que Dieu et la volonté et l'esprit de l'homme
ne soient qu'une seule et même chose.
Car ce qui est Un ne peut pas être en
désaccord ou en inimitié avec soi-même,
puisque ne possédant qu'une volonté.
Où qu'il aille, quoiqu'il fasse, il reste
Un avec soi-même.

Jacob Boehme
(théosophe allemand ; 1575-1624)

239

Dans la prière, l'homme s'offre à Dieu, comme la toile au peintre ou le marbre au sculpteur.

Alexis Carrel

(philosophe et biologiste français ; 1873-1944)

240

Il faut des torrents
de sang pour effacer
nos fautes aux yeux
des hommes,
une seule larme suffit
à Dieu.

François René de Chateaubriand
(écrivain français ; 1768-1848)

241

Dieu n'existe pas
dans le temps,
ou dans une éternité
de temps, mais
dans une abstraction
de temps.

Carlo Coccioli
(écrivain italien ; 1920-2003)

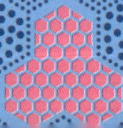

242

**La lumière
est le monde
des différences,
dans l'obscurité
règne l'identité.**

Taisen Deshimaru
(moine bouddhiste zen japonais ;
1914-1982)

En toute chose, le progrès s'obtient
par l'entraînement et l'exercice régulier ;
il en va de même en spiritualité.

Ostad Elahi

(philosophe, théologien et musicien iranien ; 1895-1974)

244

La religion est si bien
faite pour l'homme,
elle se mêle si aisément
à sa nature et
à ses mœurs, qu'il est
difficile pour le croyant
de concevoir même
l'incroyance.

Ralph Waldo Emerson
(écrivain et philosophe américain ;
1803-1882)

245

Ce qui m'attachait au judaïsme n'était pas la foi… mais… la claire conscience d'une identité intérieure, le sentiment intime d'une même construction psychique.

Sigmund Freud
(fondateur de la psychanalyse autrichien ; 1856-1939)

246

Le mysticisme est la méthode du meilleur comportement individuel : la façon dont on acquiert le contrôle de soi-même, la sincérité, la réalisation de la présence constante de Dieu dans nos actes comme dans nos pensées, un effort pour aimer Dieu, toujours davantage.

Muhammad Hamidullah
(professeur de droit, théologien musulman américain ; 1908-2002)

247

Il n'y a rien sur terre ou au ciel
qui ne soit à la portée de l'homme.
Si Dieu même est à sa portée,
que peut-il y avoir au-delà ?

Hazrat Inayat Khan

(musicien et soufi indien ; 1882-1927)

248

**Chaque pas qui est fait
sur la Terre devrait être
comme une prière.**

Héhaka Sapa (Élan Noir)

(guérisseur de la tribu des Sioux ; 1863-1950)

249

C'est le cœur qui sent Dieu
et non la raison.

Blaise Pascal

(mathématicien et philosophe français ; 1623-1662)

250

Auprès de la Révélation proprement dite contenue dans les Écritures Saintes, il existe une manifestation divine dans l'éblouissement du soleil et la tombée de la nuit. La nature est elle aussi, en un certain sens, le « livre » de Dieu.

Karol Jozef Wojtyla, dit Jean-Paul II
(pape polonais ; 1920-2005)

251

Toute la vue de la foi semble
réduite à bien voir
qu'on ne voit rien.

Jacques-Bénigne Bossuet
(homme d'Église, prédicateur
et écrivain français ; 1627-1704)

252

Il faut avoir une conviction totale dans son propre chemin spirituel alliée à un respect parfait envers les autres vérités.

Tenzin Gyatso
(chef bouddhiste tibétain, 14ᵉ dalaï-lama ; né en 1935)

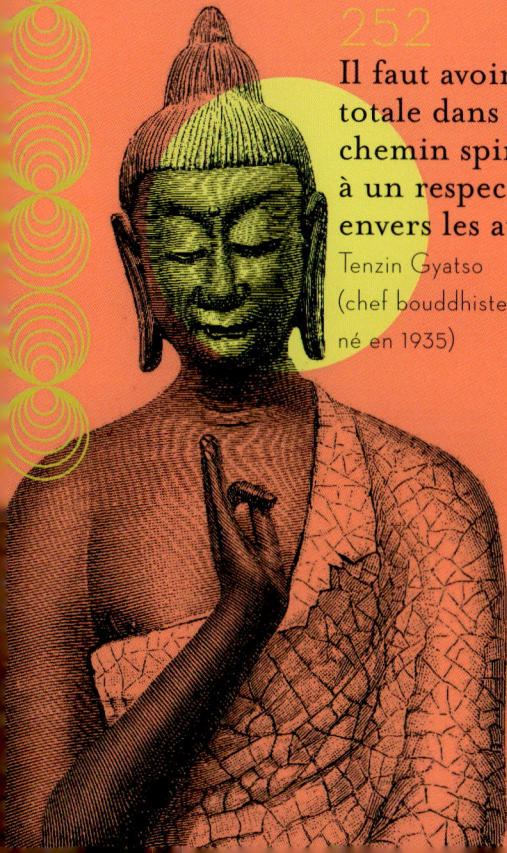

253

Au contraire de toutes
les choses humaines,
dont la nature est de périr
dans les tourments,
la véritable religion
s'accroît dans l'adversité :
Dieu l'a marquée du même
sceau que la vertu.

François René de Chateaubriand
(écrivain français ; 1768-1848)

254

La vie n'est qu'un immense rire
de sagesse. Il ressemble parfois
aux cris, parfois aux pleurs,
parfois aux larmes ou à la douleur,
mais ne t'y trompe pas, toi qui es sage,
la vie n'est qu'un long rire, le reste
n'est qu'apparence et tromperie.

Charif Barzouk

(philosophe berbère de tradition orale ; IIe siècle)

255

Notre vie, à quoi la comparer ?
À la goutte de rosée secouée
du bec de l'oiseau aquatique,
où se mire le reflet de la lune.

Eihei Dôgen

(maître bouddhiste et philosophe japonais ;
1200-1253)

256

L'abandon le plus élevé et le plus total que l'homme puisse faire, l'abandon de Dieu pour Dieu.

Maître Eckhart
(théologien et philosophe dominicain allemand ; 1260-1327)

257

Quiconque connaît
et observe avec foi les principes
authentiques de sa religion
parviendra à la vérité.

Ostad Elahi
(philosophe, théologien et musicien iranien ;
1895-1974)

258

Il ne faut pas « lire »
la Parole de Dieu,
il faut l'écouter.

Louis Evely

(écrivain et prêtre belge ;

1910- 1985)

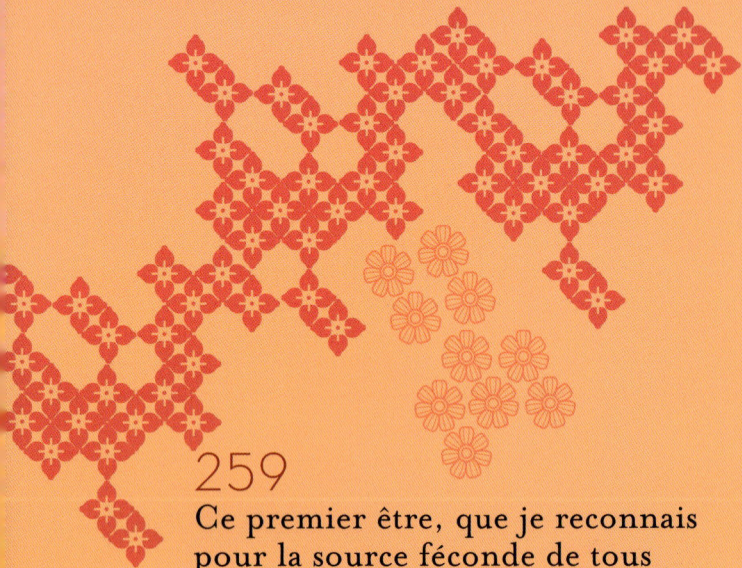

259

Ce premier être, que je reconnais
pour la source féconde de tous
les autres, m'a donc tiré du néant ?
Je n'étais rien, et c'est par lui seul
que j'ai commencé à être tout
ce que je suis ; c'est en lui que
j'ai l'être, le mouvement et la vie.

Fénelon

(philosophe français ; 1651-1715)

260

En réalité, il existe autant de religions que d'individus.

Gandhi

(homme politique et guide spirituel indien ; 1869-1948)

261

Celui qui aime la nature est le véritable adorateur de Dieu.

Hazrat Inayat Khan
(musicien et soufi indien ; 1882-1927)

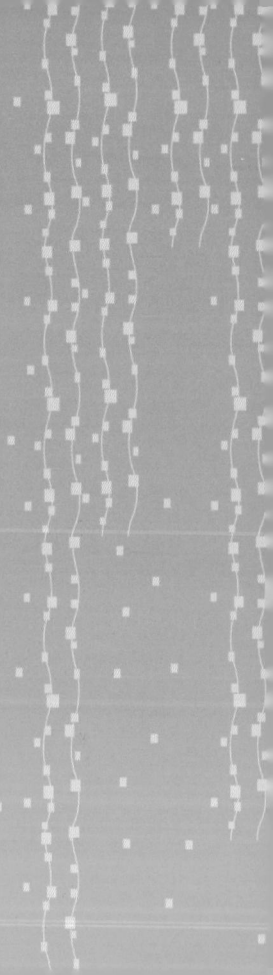

262

La raison la plus importante
pour implorer est sans
doute que cela nous aide
à réaliser notre unité
avec toutes choses,
à comprendre que
toutes choses sont
nos parents.

Héhaka Sapa (Élan Noir)
(guérisseur de la tribu des Sioux ;
1863-1950)

263

Nombreux sont ceux qui confondent mysticisme et spiritualité, et qui croient que l'homme ne peut que ramper, si la religion ne le soulève ; qui croient que seule la religion peut empêcher l'homme de ramper.

André Gide

(écrivain français ; 1869-1951)

Notre conscience n'est pas
individuelle ; c'est la conscience
de l'homme qui a évolué,
grandi, et s'est accumulée
pendant des siècles
innombrables.
Notre responsabilité devient
extrêmement grande lorsque
nous réalisons cela.

Jiddu Krishnamurti

(écrivain et philosophe indien ; 1895-1986)

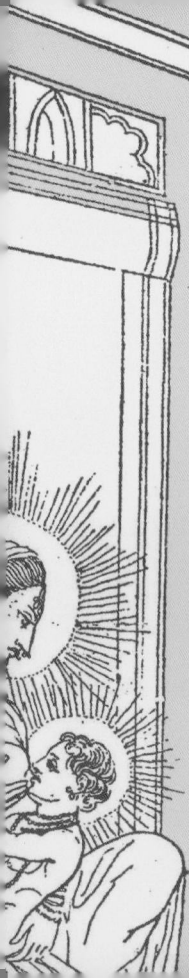

265

Je ne perçois plus avec les yeux
mais appréhende avec mon esprit.
Là où s'arrête la connaissance
sensorielle, c'est le désir
de l'esprit qui a libre cours.

Zhuangzi
(penseur chinois cofondateur
du taoïsme ; IVe siècle)

266

Rien ne peut être comparé à la foi,
ni les régimes, ni les partis,
c'est en elle que l'homme trouve
les principes immortels de sa vie
et ses buts et ses vertus, l'honnêteté,
la solidarité même humaine.

Lech Walesa
(homme politique polonais ; né en 1943)

267

Une religion fournit aux hommes
des mots, des actes, des gestes,
des pensées pour les circonstances
où ils ne savent que dire,
que faire, qu'imaginer.

Paul Valéry

(poète et essayiste français ; 1871-1945)

268

La vraie religion, c'est,
concordant avec la raison
et le savoir de l'homme,
le rapport établi par lui envers
la vie infinie qui l'entoure,
qui lie sa vie avec cet infini
et le guide dans ses actes.

Léon Tolstoï

(écrivain russe ; 1828-1910)

269

Donnez-moi la pénétration
pour comprendre, la capacité
de retenir, la manière et la facilité
d'étudier, la subtilité pour
interpréter et une grâce
abondante pour parler.

Saint Thomas d'Aquin
(théologien et philosophe italien ; 1225-1274)

270

Ce qui importe avant tout,
c'est d'entrer en nous-même
pour y rester seul à seul avec Dieu.

Sainte Thérèse d'Avila

(religieuse carmélite espagnole ; 1515-1582)

271

Pour jouir d'une vie heureuse et accomplie,
la clé est l'état d'esprit.
C'est là l'essentiel.

Tenzin Gyatso
(chef bouddhiste tibétain, 14ᵉ dalaï-lama ; né en 1935)

272

Lorsqu'un homme
sent battre
dans son âme
La vie et l'âme
du monde entier
Il est libre.

Rabindranath Tagore
(poète et philosophe indien ;
1861-1941)

273

Quel est le principe essentiel du bouddhisme ?
Le cyprès dans la cour.

Daisetz Teitaro Suzuki
(universitaire et écrivain japonais ;
1870-1966)

**Change toute chose en miel,
telle est la loi de la vie divine.**

Sri Aurobindo

(philosophe, écrivain et yogi indien ; 1872-1950)

275

Pour ne pas rester stérile, pour donner
au contraire le jour à une nouvelle vie
spirituelle et pouvoir ainsi agir et créer
en liberté, la faculté divine de notre âme
doit se livrer à son Libérateur et Seigneur,
le Père de cette nouvelle vie.
En se livrant à Lui dans la foi,
elle s'unit avec Lui dans la prière.

Vladimir Soloviev
(philosophe et poète russe ; 1853-1900)

276

Celui qui veut connaître le Divin doit sentir le vent sur son visage et le soleil sur sa main.

Siddhartha Gautama, dit le Bouddha

(fondateur du bouddhisme ; 624-544 av. J.-C.)

277

L'intelligence n'est belle que
quand elle ne détruit pas la foi,
et la foi n'est belle que quand
elle ne s'oppose pas à l'intelligence.

Frithjof Schuon

(écrivain mystique suisse ; 1907-1998)

278

Dieu ne communique jamais
la sagesse mystique sans y joindre
l'amour par lequel elle se répand.

Saint Jean de la Croix
(docteur de l'Église et poète espagnol ; 1542-1591)

279

Dans son grand Amour,
Dieu n'a pas voulu contraindre
notre liberté, bien qu'il eût
le pouvoir de le faire, mais
il nous a laissés venir à Lui
par le seul amour de notre cœur.

Saint Isaac le Syrien
(théologien syrien ; 640-700)

280

L'espérance ne serait-elle pas la preuve d'un sens occulte de l'existence, une chose qui mérite qu'on lutte pour elle ?

Ernesto Sabato

(écrivain argentin ; né en 1911)

281

Au-delà du bien faire et
du mal faire existe un espace.
C'est là que je te rencontrerai.

Jalâl al-Dîn Rûmi

(poète persan ; 1207-1273)

282

Nous pouvons couper la forêt,
barrer les ruisseaux, casser
les pierres, mais nous ne
pouvons pas vaincre Dieu.

Rumer Godden

(écrivain anglaise ; 1907-1998)

283

Il ne faut jamais rester
au seuil de son âme,
il faut entrer à l'intérieur,
y descendre, y réfléchir,
y méditer, y travailler
et s'y laisser travailler…

Marthe Robin
(religieuse française ; 1902-1981)

284

Ce n'est que lorsque
notre foi est forte
que Dieu se préoccupe
pleinement de chacun
de nous.

Ramana Maharshi

(philosophe et mystique hindou ;
1879-1950)

285

Si vous pensez
que tout est parfait
dans votre vie, soit
vous êtes un bouddha,
soit vous êtes
complètement idiot.

Proverbe tibétain

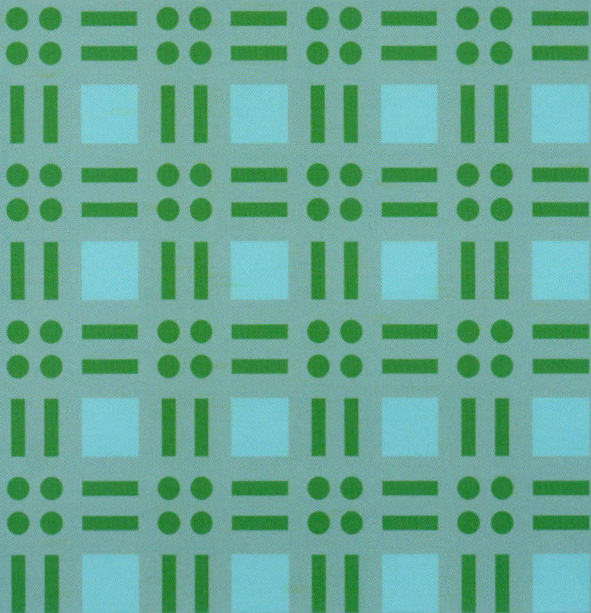

286

La lecture est au seuil de la vie
spirituelle ; elle peut nous y introduire :
elle ne la constitue pas.

Marcel Proust

(écrivain français ; 1871-1922)

287

La foi est différente de la preuve ;
l'une est humaine,
l'autre est un don de Dieu.

Blaise Pascal

(mathématicien et philosophe français ; 1623-1662)

288

**Tout ce qu'on ne fait pas
avec conviction est péché.**

Paul de Tarse, dit saint Paul

(apôtre de Jésus ; 10-65)

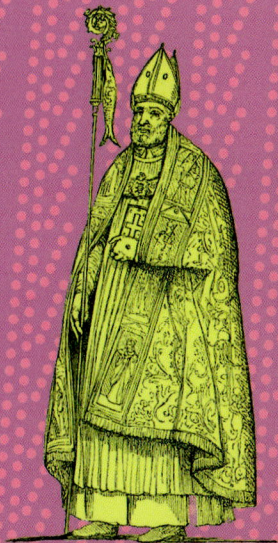

289

**Mon pays est le monde,
et ma religion est de faire le bien.**

Thomas Paine

(pamphlétaire américain ; 1737-1809)

290

Sans la chance de recevoir
le message de la religion,
l'esprit le plus droit et
le plus intelligent n'est réellement
pas plus qu'une abeille enfermée
dans une bouteille.

Mère Teresa
(religieuse indienne : 1910-1997)

291

On ne doit désirer que Dieu seul.
Quoi que vous fassiez de vos mains
ou de votre cerveau, faites-le
à Son service. Quoi que
vous acceptiez, physiquement
ou mentalement, acceptez-le
comme venant de Dieu sous
cette forme. Si quelque chose doit
être donné, que ce soit l'abandon
de vous-même à Ses pieds.

Ma Anandamayî
(philosophe et mystique indienne ; 1896-1982)

292

L'expérience de l'Absolu
dont témoigne si puissamment
la tradition mystique de l'Inde
est comprise en sa plénitude
dans le « Moi et le Père
nous sommes Un » de Jésus.

Henri Le Saux
(moine bénédictin français ; 1910-1973)

293

Ne te penche pas trop sur la connaissance de la vérité, de peur d'être voilé par elle des secrets de la création.

Ahmad Al-Alawi

(enseignant et religieux algérien ; 1869-1934)

294

L'homme, c'est l'univers en miniature.
L'homme et le monde sont interdépendants.
L'homme est le garant de l'équilibre
de la création.

Amadou Hampâté Bâ
(écrivain et ethnologue malien ; 1900-1991)

295

Ma voie est traversée
par un fil unique
qui relie tout.

Confucius

(philosophe chinois ; 551-479 av. J.-C.)

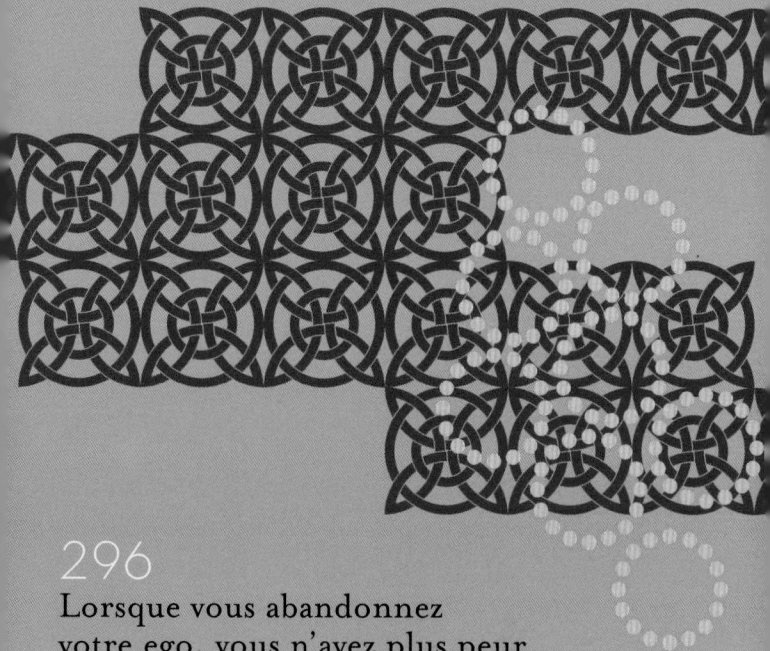

296

Lorsque vous abandonnez
votre ego, vous n'avez plus peur.
L'aide la plus haute est d'apporter
la paix spirituelle aux hommes.

Taisen Deshimaru
(moine bouddhiste zen japonais ; 1914-1982)

297

Ce ne sont pas nos actes qui nous sanctifient, c'est nous qui sanctifions nos actes.

Maître Eckhart

(théologien et philosophe dominicain allemand ; 1260-1327)

298

La science sans religion est boiteuse, la religion sans science est aveugle.

Albert Einstein

(physicien allemand ; 1879-1955)

299

Chaque pas fait dans la voie
du renoncement aux désirs
du soi impérieux est
un pas fait dans la voie
de la satisfaction des désirs
de l'âme, et c'est cela
se rapprocher du Créateur.

Ostad Elahi
(philosophe, théologien
et musicien iranien ; 1895-1974)

300

Lorsque le cœur humain prend conscience de Dieu, il devient comme l'océan qui étend ses vagues à ses amis et à ses ennemis.

Hazrat Inayat Khan

(musicien et soufi indien ; 1882-1927)

301

C'est la foi et non la raison qui porte l'homme à l'action. L'intelligence se contente d'éclairer la route, jamais elle ne nous pousse en avant.

Alexis Carrel

(chirurgien et biologiste français ; 1873-1944)

302

Il faut aller de pensée en non-pensée et de non-pensée en pensée.

Taisen Deshimaru

(moine bouddhiste zen japonais ; 1914-1982)

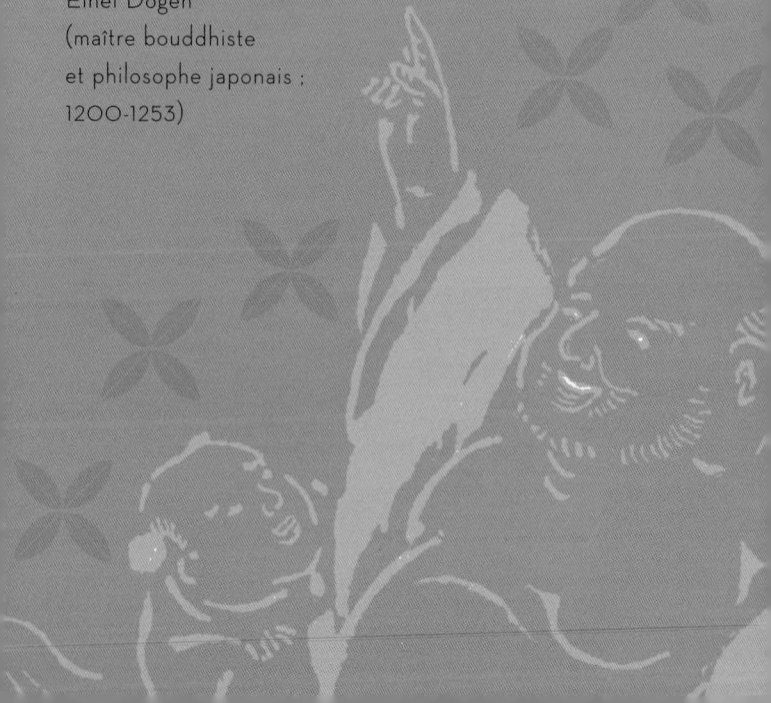

303

Apprendre le Zen, c'est nous trouver,
nous trouver, c'est nous oublier,
nous oublier, c'est trouver la nature
Bouddha, notre nature originelle.

Eihei Dôgen
(maître bouddhiste
et philosophe japonais ;
1200-1253)

304

Prier c'est bien simple, mais c'est la chose
la plus difficile, la plus rare.

Gustave-Xavier de La Croix de Ravignan

(jésuite français ; 1795-1858)

305

J'ai vu plus que je n'en puis dire, et
j'ai compris plus que je n'ai vu, car je voyais
les formes de toutes choses en esprit,
d'une manière sacrée, et la forme
de toutes les formes telles
qu'elles doivent vivre
ensemble comme étant
un seul Être.

Héhaka Sapa (Élan Noir)
(guérisseur de la tribu
des Sioux ; 1863-1950)

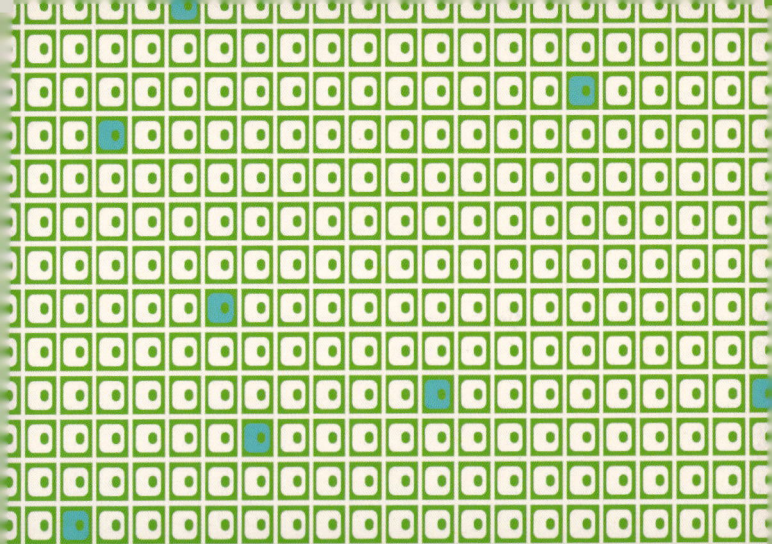

306

Les hommes vraiment grands
de l'histoire universelle ou bien
ont médité, ou bien ont trouvé
sans s'en rendre compte la voie
qui aboutit où nous mène la méditation.

Hermann Hesse

(écrivain allemand ; 1877-1962)

307

La prière, énorme force
propre à l'âme est de même
espèce que le mystère.

Victor Hugo

(écrivain et poète français ; 1802-1885)

308

La plus belle attitude de l'homme c'est de se tenir debout devant ses semblables, à genoux devant Dieu.

Alphonse de Lamartine
(poète français ; 1790-1869)

309

Qui ne s'est pas rencontré
soi-même, comment
pourrait-il rencontrer
Dieu ?

Henri Le Saux
(moine bénédictin français ; 1910-1973)

310

Nous avons deux yeux :
l'un pour discerner,
l'autre pour aimer.

Extrait du Talmud

311

C'est une contrée que vous ne pouvez
atteindre ni en bateau, ni en char,
ni a pied, mais seulement
par un voyage de votre esprit.

Extrait du Liezi

(recueil de préceptes taoïstes)

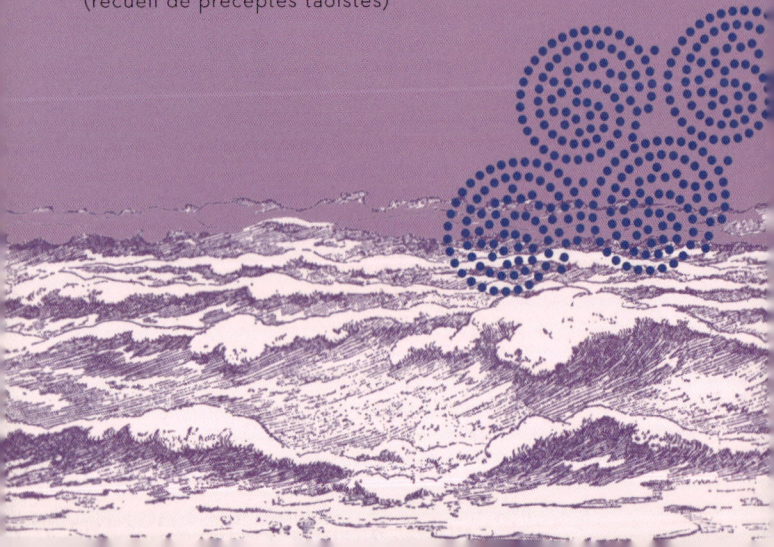

312

Ce dont l'existence pourrait être démontrée
ne serait pas et ne pourrait pas être Dieu.

Gabriel Marcel

(philosophe et écrivain français ; 1889-1973)

313

Croire, c'est d'abord reconnaître que nous sommes aimés.

François Mauriac

(écrivain français ; 1885-1970)

314

L'homme n'est jamais si grand qu'à genoux devant Dieu.

Napoléon Bonaparte

(homme politique français ; 1769-1821)

315

**C'est en s'accoutumant
à se défaire de son moi
que la lumière se fera
d'elle-même.**

Zhang Zai

(philosophe chinois ; 1020-1078)

316

Le monde a besoin de saints qui aient du génie comme une ville où il y a la peste a besoin de médecine. Là où il y a besoin, il y a obligation.

Simone Weil

(philosophe française ; 1909-1943)

317

Les oiseaux quittent la terre avec leurs ailes, et nous, les hommes, pouvons également quitter ce monde, non pas avec des ailes mais dans l'esprit.

Héhaka Sapa (Élan Noir)

(guérisseur de la tribu des Sioux ; 1863-1950)

318

Dieu a fait un nœud
que l'homme cherche
à dénouer avec
deux mains :
la philosophie
et la science.

Victor Hugo

(écrivain et poète français ; 1802-1885)

319

La foi en Dieu n'est pas
la recherche craintive
d'un refuge, mais une affirmation,
un oui au monde.

Jacques de Bourbon-Busset

(écrivain et académicien français ; 1912-2001)

320

Si tu plonges longtemps ton regard dans l'abîme, l'abîme te regarde aussi.

Friedrich Nietzsche (philosophe allemand ; 1844-1900)

Il y a assez de lumière pour ceux
qui ne désirent que de voir,
et assez d'obscurité pour ceux
qui ont une disposition contraire.

Blaise Pascal
(mathématicien et philosophe français ; 1623-1662)

322

Dieu est dans
tous les hommes.
Mais tous les hommes
ne sont pas en Dieu.

Râmakrishna
(brahmane bengali ; 1836-1886)

323

La prière est comme
le parfum qui charme,
la fraîcheur qui captive,
l'aimant qui attire,
la grâce qui enivre,
la douceur qui enchante.

Marthe Robin
(religieuse française ; 1902-1981)

324

La compréhension est la récompense
de la foi. Ne cherche donc pas
à comprendre pour croire,
mais crois afin de comprendre,
parce que si vous ne croyez pas,
vous ne comprendrez pas.

Saint Augustin
(philosophe, théologien et écrivain français ; 354-430)

325

Personne ne cherche
Dieu, mais Dieu
nous cherche tous,
et celui qui croit
le chercher lui doit
en secret l'origine
de sa recherche.

Charles de Saint-Évremond
(écrivain français ; 1615-1703)

326

La seule possibilité de donner un sens
à son existence, c'est d'élever sa relation
naturelle avec le monde à la hauteur
d'une relation spirituelle.

Albert Schweitzer

(philosophe et théologien protestant franco-allemand ; 1875-1965)

327

Celui qui pendant une période
non négligeable s'efforce sincèrement
d'atteindre la plénitude intérieure
progresse sur la voie de la perfection.
Puis il atteint la réalisation du Soi.

Swami Satyananda

(mystique indien ; 1896-1971)

328

Quand tu te lèves le matin,
remercie pour la lumière
du jour, pour ta vie et
ta force. Remercie pour
la nourriture et le bonheur
de vivre. Si tu ne vois pas
de raison de remercier,
la faute repose
en toi-même.

Tecumseh
(chef de la tribu des Shawnees ;
1768-1813).

329

Exercez-vous à voir large, net et simple, et allez tout droit, paisiblement, sans vous inquiéter de ce qui se dit.

Pierre Teilhard de Chardin

(théologien et philosophe français ; 1881-1955)

330

Trois pratiques
sont les vraies antidotes
qui ont le pouvoir
de nous mûrir :
la moralité,
la méditation,
la sagesse, soutenues
par un très violent désir
d'obtenir la libération.

Tenzin Gyatso
(chef bouddhiste tibétain,
14ᵉ dalaï-lama ; né en 1935)

331

S'il y a beaucoup de demeures
au ciel, il y a beaucoup
de chemins pour y arriver.

Sainte Thérèse d'Avila

(religieuse carmélite espagnole ; 1515-1582)

332

Tous les êtres vivants sont bouddha et ont en eux sagesse et vertus.

Siddhartha Gautama, dit le Bouddha
(fondateur du bouddhisme ;
624-544 av. J.-C.)

333

Ce n'est pas la foi
qui rassure, mais l'amour
qui en découle.

Georges Bernanos
(écrivain français ; 1888-1948)

334

De même qu'une main placée devant
les yeux peut cacher la plus grande chaîne
de montagnes, de même la vie matérielle
occulte la lumière et les mystères que
prodigue le monde. Et celui qui peut
éloigner de ses yeux cette vie étriquée comme
on retire une main, celui-là contemplera
l'immense clarté des mondes intérieurs.

Rabbi Nachman
(maître hassidique ukrainien ; 1772-1810)

335

**Un Dieu compréhensible
ne serait pas un Dieu.**

Saint Athanase d'Alexandrie

(évêque orthodoxe ; 298-373)

336

Si vous ne trouvez pas une prière qui vous convienne, inventez-la.

Saint Augustin
(philosophe, théologien
et écrivain français ; 354-430)

337

La raison d'être profonde de tout acte religieux est le « souvenir de Dieu », qui en dernière analyse est la raison d'être même de l'homme.

Frithjof Schuon

(écrivain mystique suisse ; 1907-1998)

338

Celui qui est arrivé à l'amour parfait de Dieu vit en ce monde comme s'il n'y vivait pas. Car il se considère comme étranger à ce qu'il voit, attendant avec patience l'invisible... Attiré vers Dieu, il n'aspire qu'à le contempler.

Séraphim de Sarov

(moine, ermite et père spirituel russe ; 1759-1833)

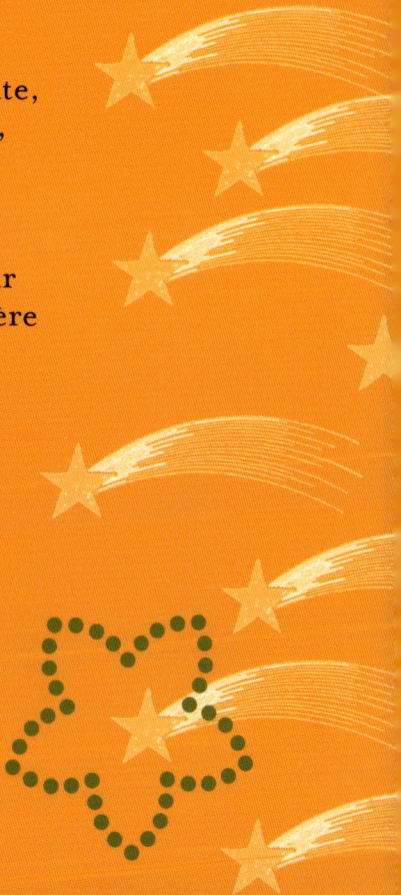

339

Comme l'étoile filante,
le mirage, la flamme,
l'illusion magique,
la goutte de rosée,
la bulle sur l'eau ;
comme le rêve l'éclair
ou le nuage : considère
ainsi toutes choses.

Siddhartha Gautama,
dit le Bouddha
(fondateur du bouddhisme ;
624-544 av. J.-C.)

340

Ne fixe pas le temps
ni la manière dont
sera réalisé ton idéal.
Travaille et laisse
le temps et la manière
à Dieu omniscient.

Sri Aurobindo
(philosophe, écrivain et yogi indien ;
1872-1950)

341

Si Dieu n'était pas, alors que serions-nous ? Rien, rien qu'une sorte d'excroissance absurde, un lichen de vie et de conscience sur une planète dérisoire perdue au milieu du lent ballet du monde.

Thierry Maulnier

(écrivain et académicien français ; 1909-1988)

342

La vertu que l'on trouve dans le cœur de l'homme, c'est en somme la plus grande preuve de Dieu.

Ernest Renan

(écrivain français ; 1823-1892)

343

Si l'homme perd le contact avec la main chaude de Dieu, s'il s'en détache, il meurt. C'est dieu qui est la source et le souffle de la vie.

Alexandre Soljenitsyne
(romancier russe ; 1918-2008)

344

Je pense que dans tous les cas
c'est un chemin très sûr que
de faire tout son possible pour
se vider de tout et servir
de réceptacle à la grâce divine.

Édith Stein, dite sainte Thérèse-Bénédicte de la Croix
(religieuse, philosophe te théologienne allemande ;
1891-1942)

345

Son Verbe a préexisté éternellement
à toutes choses existantes,
mais elles le voilent avec sagesse
à qui ne comprend pas.

Umar Inb Al-Farid

(poète mystique égyptien ; 1182-1235)

346

Ce que l'homme
cherche dans la religion,
dans la foi religieuse,
c'est de sauver sa propre
individualité,
de l'éterniser,
ce qu'on n'obtient
ni avec la science,
ni avec l'art,
ni avec la morale.

Miguel de Unamuno
(écrivain espagnol ; 1864-1936)

347

Dieu est le plus fort.
Nous l'emportons
parfois dans notre lutte
contre Lui, mais
il gagne toujours
la belle.

Paul Valéry

(poète et essayiste français ;
1871-1945)

348

Lorsqu'on est uni
au Tao, alors rien
dans l'univers ne peut
nous ébranler.

Yuan-Wu

(moine bouddhiste chinois ; 1063-1135)

349

Le doute est le plus religieux des actes de la pensée humaine.

Jean-Marie Guyau

(philosophe français ; 1854-1888)

350

En spiritualité, il est dangereux
de marcher seul… Car l'essence
de la vie intérieure, c'est l'obéissance.

Victor-Lévy Beaulieu

(écrivain canadien ; né en 1945)

351

Ce que l'on crée en soi se reflète toujours à l'extérieur de soi. C'est là la loi de l'univers.

Shakti Gawain

(écrivain américaine ; née en 1948)

352

L'esprit de perfection appartient
à l'univers de l'âme ; il est une âme.
C'est par notre matérialisme
essentiellement perfectionniste
que s'affirme notre spiritualité.

Eugène Cloutier
(écrivain canadien ; 1921-1975)

353

La seule loi de l'univers
qui ne soit pas soumise au changement
est que tout change, tout est impermanent.

Siddhartha Gautama, dit le Bouddha

(fondateur du bouddhisme ; 624-544 av. J.-C.)

354

J'ai compris que,
même pauvre et nécessiteux
au regard du monde,
on peut s'enrichir en Dieu
et que ce trésor-là, nul
ne peut vous l'enlever.

Vincent Van Gogh
(peintre néerlandais ; 1853-1890)

355

Il suffit pour la Vérité d'apparaître une seule fois, dans un seul esprit, pour que rien ne puisse jamais l'empêcher de tout envahir.

Pierre Teilhard de Chardin

(théologien et philosophe français ; 1881-1955)

**Dieu n'est pas une idée qu'on prouve,
c'est un être par rapport auquel on vit.**

Miguel de Unamuno

(écrivain espagnol ; 1864-1936)

357

En tout homme résident
deux êtres : l'un éveillé
dans les ténèbres, l'autre
assoupi dans la lumière.

Khalil Gibran

(poète et peintre libanais ; 1883-1931)

358

Il y a un spectacle
plus grand que la mer,
c'est le ciel ; il y a
un spectacle plus grand
que le ciel, c'est l'intérieur
de l'âme.

Victor Hugo

(écrivain et poète français ; 1802-1885)

359

Être zen, par essence,
c'est l'art de savoir lire
en soi-même.

Daisetz Teitaro Suzuki

(universitaire et écrivain japonais ;
1870-1966)

360

Dieu est le seul être qui pour régner n'ait pas besoin d'exister.

Charles Baudelaire

(poète et écrivain français ; 1821-1867)

361

**Quand le ciel veut sauver
un homme, il lui envoie
l'amour…**

Lao Tseu

(philosophe chinois ; 570-490 av. J.-C.)

362

L'homme qui ne médite
pas vit dans l'aveuglement.
L'homme qui médite
vit dans l'obscurité.
Nous n'avons que
le choix du noir…

Victor Hugo

(écrivain et poète français ; 1802-1885)

363

Ce que nous nommons
réalité n'est qu'une façon
de voir le monde,
mais ce n'est pas la seule…

Carlos Castaneda
(écrivain et anthropologue américain ;
1925-1998)

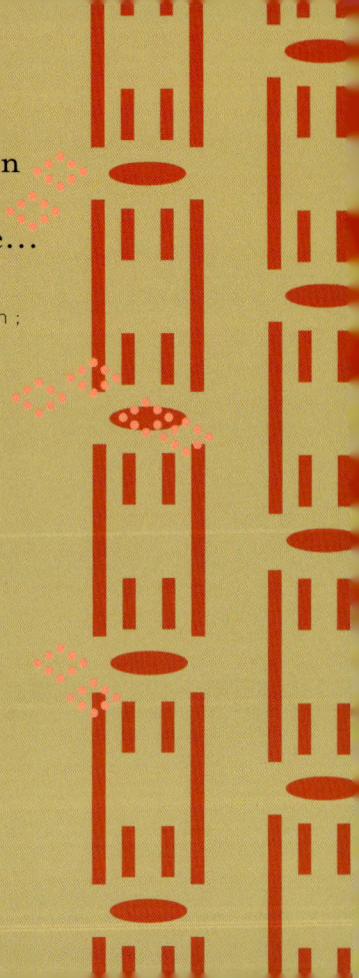

364

**Ceux qui désirent
le moins de choses
sont les plus près
des dieux.**

Socrate

(philosophe grec ;
470-399 av. J.-C.)

365

En atteignant le but,
on a manqué tout le reste.

Proverbe japonais

Index
des auteurs cités

notes

notes

notes

notes

notes

notes

notes

notes

www.editionsduchene.fr

Responsable éditoriale : Nathalie Bailleux
Suivi d'édition : Émilie Guerrier
Directrice artistique : Sabine Houplain
Conception graphique et réalisation : Caroline Rimbault
Fabrication : Amandine Sevestre

Photogravure : APS Chromostyle
Achevé d'imprimer en Italie par Europrinting S.p.A
Dépôt légal : janvier 2010
ISBN: 978-2-81230-149-0
34/2311/8 - 01

Une idée
par jour
de spiritualité

Textes rassemblés
par
Janine Casevecchie

chêne

1

Si loin que vous alliez,
si haut que vous montiez,
il vous faut commencer
par un simple pas.

François Cheng
(sinologue et académicien français ; né en 1929)

2

Une autre vie existe plus haut, plus bas, au plus profond de soi.

Extrait du Bhagavad Gîtâ
(texte sacré indien,
entre le Vᵉ et le IIᵉ siècle av. J.-C.)

3

La véritable spiritualité
se reconnaît dans la façon
de vivre et d'aborder l'existence
et non dans ce que l'on transmet
de ses croyances.

Nathaniel Branden

(écrivain canadien ; né en 1930)

4

**La foi est une vision des choses
qui ne se voient pas.**

Jean Calvin

(théologien et pasteur français ; 1509-1564)

5

Il nous faut naître deux fois
pour vivre un peu,
ne serait-ce qu'un peu :
il nous faut naître par
la chair et ensuite par l'âme.

Christian Bobin

(écrivain français ; né en 1951)

6

**Je ne peux rien
pour qui ne se pose pas
de question.**

Confucius

(philosophe chinois ; 551-479 av. J.-C.)

7

**La prière est la forme
d'énergie la plus puissante
que l'on puisse susciter.**

Alexis Carrel
(philosophe et biologiste français ;
1873-1944)

8

Ce n'est pas la religion
qui découle de la morale,
c'est la morale qui naît
de la religion.

François René de Chateaubriand
(écrivain français ; 1768-1848)

9

La vérité est
comme le soleil.
Elle fait tout voir
et ne se laisse pas
regarder.

Victor Hugo
(écrivain et poète français ;
1802-1885)

10

Le bouddhisme n'est pas
une croyance, c'est un doute.

Gilbert Keith Chesterton

(écrivain britannique ; 1874-1936)

11

Purifie-toi des attributs du moi,
afin de pouvoir contempler ta propre
essence pure et contemple dans
ton propre cœur toutes les sciences
des prophètes, sans livres,
sans professeurs, sans maîtres.

Djalal al-dîn Rûmi

(écrivain et mystique persan ; 1207-1273)

12

La spiritualité, c'est ce qui transcende les oppositions et les conflits.

Arnaud Desjardins

(grand reporter et écrivain français ; né en 1925)

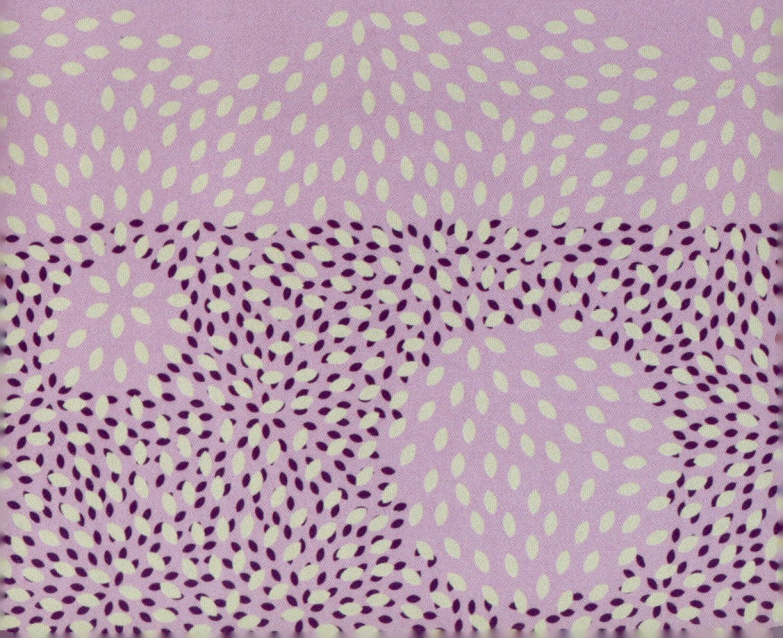

13

Dieu n'est jamais autant Dieu
que lorsqu'il me manque.

Françoise Dolto

(pédiatre et psychanalyste française ; 1908-1988)